自分を磨く働き方

安田佳生

HOW TO IMPROVE YOURSELF
BY YOSHIO YASUDA

フォレスト出版

まえがき

この本は、社長でなくなってからの私が思い悩んだ「三つの意味」をまとめたものです。

それは「会社を経営することの意味」と「働くことの意味」、そして「生きることの意味」です。すべての財産を失い、働く目的も意欲も失った私は、これらの意味を完全に見失っていました。

なぜ自分は失敗したのか。

何のために会社を経営してきたのか。

これから先、何のために働くのか。

何を目的に生きればいいのか。

毎日毎日、ズルズルと過ぎ去っていく日常のなかで、私は何とかして「自分の拠り所」を見つけださなくてはならなかったのです。

過去を引きずり、他人を妬み、社会を否定しながら生きていた3年間でした。でも、その呪縛から解放されたとき、「生きること」と「働くこと」の本当の意味が見えてきたのです。

私がたどり着いた結論は、至ってシンプルです。

人は楽しむために生き、そして楽しむために働く。

お金に媚びず、人にも媚びず、会社や常識にも縛られずに、好きなことをやって生きていく。だから、好きな人と仕事をしよう、好きなことを仕事にしよう、そのために全力を尽くそう、そうすれば必ず人生はハッピーになる、というもの。それが本書のタイトルにあるように本当の意味での「自分を磨く働き方」の本質なのです。

そのシンプルな結論に至るまで、私は3年もの年月を費やしてしまいました。

働く意味が理解できたいま、私の人生はとても軽やかです。

でも世の中には、まだまだその意味を見出せずに悩んでいる人がたくさんいます。この本を書いたのは、自分の体験をそのような人たちに役立ててもらうためです。責任感で働くのをやめ、楽しく、軽やかな人生を手に入れてほしい。それが私の心からの願いです。

でも、その結論だけを伝えても、ほとんどの人は納得してくれないことでしょう。そんなにうまくいくわけがない、そんなことで生きていけるわけがない、と。

だから、あえてこの本には結論に至るプロセスを書きました。それは私が葛藤しつづけた3年間の思考のプロセスです。

常識に反発し、世の中を斜めに見つづけた変人の思考。特に第2章と第3章は読んでいて頭がおかしくなるかもしれません。でもあえてその面倒な部分を書き込みました。そうでないと、このシンプルな結論の裏にある、本当の意味が理解されないと思ったからです。

私がたどり着いた結論が正しいのかどうか、それは私にもわかりません。だから私の主張に反発していただいても、そのままこの本をゴミ箱に捨てていただいてもいっこうにかまいません。

ただ、その前にお願いがあります。私からのお願いは一つだけです。

途中の面倒くさい話でこの本を投げ出さずに、一度だけでいいから最後まで読んでほしいのです。

正直言って、書いた本人の私ですら、この本を読み返すのは面倒です。
それはシンプルな結論に至るための遠回りだからです。
でも、いまの私には断言することができます。
人生には、そういう面倒くさい遠回りが必要なのです。

2015年11月

安田　佳生

もくじ——自分を磨く働き方

第0章　新たな働き方への挑戦
私が社長でなくなってから本当に失ったもの

第1章 「働いたら負け」のウソとホント

「職業選択の自由」を取り戻せ

第2章　正社員に告ぐ
世の社長たちの本音と建前

第3章 カネで買われる人生からの脱出

資本主義誕生からポスト資本主義への展望

第4章 仕事とはそもそも遊びである

目の前に迫る働き方のパラダイムシフト

第5章　本来の姿を取り戻すために

自分を磨く働き方の答え

装　幀―中村勝紀(TOKYO LAND)
編集協力―前田はるみ
カバーイラスト―石井琢磨
本文イラスト―蝦名龍郎
DTP―野中　賢(株式会社システムタンク)
本文デザイン―フォレスト出版編集部

第 0 章

新たな働き方への挑戦

私が社長でなくなってから本当に失ったもの

誰が仕事を殺したのか?

もしあなたが、「意欲がないわけではないのに、仕事が楽しく感じられない」としたら、それはあなたの責任ではない。

少なくとも、この本を手に取ってくれた読者は、前向きに仕事をしたい人たちなのだと思う。しかし、なんとなく仕事にやりがいが感じられない、何のために仕事をしているのかわからない、いまの働き方の延長線上に自分の幸せがあるのか疑問、といった気持ちから、前向きになれないでいるのではないだろうか。

仕事がつまらないとしても、それはあなたが怠けているからではない。がんばれないのは、あなたの責任ではないのだ。

では誰の責任なのか。

仕事をつまらなくしているものの正体を、この本で明らかにしていこうと思う。

そのうえで、ビジネスマンがやりがいを持ち、楽しく仕事をするにはどうすればいいのか、私の経験や実験を踏まえてお伝えしていくのが、本書の狙いである。

私はかつて、人材ビジネスを生業《なりわい》とする「ワイキューブ」という会社を経営していた。ワイキューブが倒産して、社長でなくなった私は、組織を離れ1人でビジネスをはじめることにした。

社員を雇う立場から、フリーランスへの転向。

1人でビジネスに奮闘する日々のなかで、私はさまざまな気づきを得た。とりわけ、「雇う」「雇われる」という関係を新たな視点で見つめ直すことができたのは、貴重な体験だった。

「雇う」「雇われる」関係に縛られている限り、私たちの仕事は楽しくならないのではないか――?

私がたどり着いたこの仮説を実証するため、ワイキューブが倒産して3年後、私はふたたび会社をつくった。いまも私が社長を務める中小企業に特化したブランディング会社、「ＢＦＩ（ブランドファーマーズ・インク）」である。

どのような会社かは後述するが、この会社こそ、楽しむために働く「場」であり私が目指している「明日、行きたくなる会社」を実現するための壮大な実験なのである。

ワイキューブが倒産してからの3年間に経験した葛藤や奮闘が本書の原点である。

まずは、私がなぜこの本を書こうと思ったのか、新しい会社で何を目指しているのかを知っていただきたい。

私、社長ではなくなりました。

ワイキューブの社長から、ある日を境に、課長になった。

社長でなくなるのは、法的には一瞬にすぎない。

しかし、法的に社長でなくなったからといって、社長ではない自分をすぐに受け入れられたわけではなかった。

42億円の負債を抱えたワイキューブが、民事再生の道を選んだのは、２０１１年のことだった。その直前まで、私は民事再生をしようとは微塵《みじん》も考えていなかった。残りの人生をかけて、借金を少しずつでも返していくつもりだった。

しかし、ある役員のひと言が、私の心に重く響いた。

「安田さんが『もうやめよう』と言わない限り、社員はついていかざるを得ない。これ以上、社員を巻き込むのはかわいそうだ」

業績が悪化してからは、社員に満足な給料も払えなかった。このまま会社を続けても、社員を疲弊させるだけ。新たにやり直すなら、まだ事業継続が可能なこのときが最後のチャンスだった。

ワイキューブは合法的に借金を清算し、事業を新会社に引き継いだ。

私は顧問として新会社に加わり、新事業の立ち上げを手伝った。肩書きは顧問だが、チーム長というのが実質的な立場だった。

社長の重圧から解放され、気持ちは楽になったが、「社長の責任」という荷を下ろした途端、心にぽっかりと穴が開いた。「社員は家族」と本気で信じ、社員のために必死で走りつづけてきただけに、社長でなくなったら、何のためにがんばるのか理由が見つからなかった。

働くエネルギーがまるで湧いてこなくなった。

会社の借金を連帯保証していた私も自己破産した。そのためお金がなかった。社長時代はタクシーで通勤していたが、社長でなくなってバス通勤にかえた。最寄りのバス停から会社までの10分の道のりを、毎日歩いた。

社員の誰よりも早く、8時前には会社に着いた。

そして8時半からの朝礼に参加する。

社員全員の前で話をするのは、私ではない。新会社「カケハシ　スカイソリューションズ」（以下、カケハシ）の社長に就任した中川智尚さんだ。彼はワイキューブ時代の副社長で、ずっと私を支えてくれた経営パートナーだ。

昨日まで自分がいた場所にほかの人がいるのを見るのは、なんとも不思議な気がした。

それは、社員も同じ気持ちだったと思う。社員たちはある日、突然、「今日から中川さんが社長をやります」と社長交代を告げられたのだ。

朝礼では、チーム長が順番にチーム目標や達成度合いを発表していく。このときも、社員は私をどう扱えばいいか戸惑ったと思う。

ほかのチーム長と同じように、私もみんなの前で発表するのがいいのか、それとも、元社長は発表を免除されるべきか。結局、変な気を遣えば余計におかしな空気になると思ったのか、司会役の社員は、順番どおり私を指名した。

戸惑いながらも社員は皆、私にやさしかった。会社が傾いても最後まで私を信じてついてきてくれた社員たちだ。私のことを仲間として慕い、接してくれた。

そうやって私は、チーム長として朝礼に並びながら、少しずつ、少しずつ、社長ではなくなっていった。

元社長ができること、できないこと

社長でなくなっていくことに、屈辱感がなかったわけではない。

「カケハシ　スカイソリューションズ」に社名を変えたとはいえ、元は私がつくった会社だ。そんなプライドもあった。

朝、まだ誰もいない社内で、新会社のビジョンや計画を考えることもあった。会社を経営していくにはビジョンが必要だから、必死で考える。それが癖になっていた。

ただ、私には決裁権がない。それで新社長の中川さんに提案するのだが、私の提案のすべてが受け入れられることはなかった。

考えてみれば当然のことだ。会社は新しく生まれ変わり、再出発しようとしていた。会社を潰した張本人の提案を、中川さんがすべて採用するはずもなかった。

私に求められていたのは、ビジョンや計画ではなく、元ワイキューブ社長としての知名度と営業力でもって新会社を軌道に乗せることだった。新しい経営方針は、新しい経営陣が考えていくしかない。

それに気づいてからは、求められる役割に専念することにした。

私にできることは、チーム長として力を尽くすことだ。チームメンバーのことだけを考え、チームのためにできることをやり、中川さんが掲げる目標達成をサポートすることだった。

社長交代のあと、会社の雰囲気は少しずつ変わっていった。中川さんが会社の方針を打ち出し、彼のやり方が会社のスタンダードになっていった。

彼の方針は、「売上に応じて人事評価する」という至極シンプルなものだった。売上目標を達成した社員にはボーナスを支払う。だから、稼ぎたい人はがんばって稼げばいい。

ワイキューブ時代にも業績に応じた評価はなされていたが、よりその傾向は強くなった。

中川さんの方針に賛同する社員もいれば、そうでない社員もいた。なかには急激な方針転換についていけず、辞めていった社員もいた。

民事再生に至った現実を直視し、反省すべきは反省し、変えていくべきだと私も思う。その一方で、ワイキューブがワイキューブであるために、大切に守りつづけたいこともあった。

その「ワイキューブらしさ」が少しずつ失われていく気がした。たぶん、私の考える「ワイキューブらしさ」と中川さんの考える「ワイキューブらしさ」は少し違うものだったのだと思う。当たり前と言えば、当たり前の話だ。

社員と経営陣はそのままでも、社長が代われば会社は変わる。社長が代わるというのは、こういうことなのだ。

社長でなくなった私は、何一つ決められなかった。ビジョンを考えても、採用されなければ絵に描いた餅でしかない。

社長でなくなるというのは、こういうことなのだ。

自分では会社の未来を何一つ決められないということだ。

40億円以上の借金と自己破産

私はワイキューブの42億円の借金のうち、32億円ほどを連帯保証していた。

民事再生しようと決めたとき、債権者である銀行のなかには、「自己破産するんですよね？」と暗に自己破産を求めてくるところもあった。

というのも、銀行は連帯保証人である私が自己破産しない限り、ワイキューブへの貸付金を損金として処理できないらしかった。回収できる見込みのあるお金のままでは困るというわけだ。

自己破産については、いろんな人がいろんなアドバイスをくれた。「自己破産したほうがいい」と言う人もいれば、「自己破産はやめたほうがいい」と言う人もいて、およそ半々だった。

私は自己破産しようと決めた。

自己破産して、元社長としての個人の生活もきっちり清算する。自己破産しないという選択は、私には考えられなかった。

四十数億円もの借金を踏み倒すのだから、牢獄に入るくらいの覚悟だった。

「もしそうなったら、面会に行きます」とある役員が真面目な顔で言った。

不安になって、念のため弁護士に確認すると、「いやいや、民事再生をやっても捕まらないですよ」。せいぜいクレジットカードがつくれないとか、二度とローンが組めなくなる程度だという。

数万円を盗んで捕まる人がいる一方で、四十数億円の借金を返さなくても罪にも問われないというのだ。民事再生や自己破産は合法的な借金の棒引きなのだと、このときはじめて知った。

個人資金はすべてワイキューブにつぎ込んだため、私にはお金がほとんど残っていなかった。

そうでなくても、普段から現金は残さないタチだった。高い家賃の家に住み、誰かと食事に行けば全部支払うこともあった。どれだけ稼いでも、預金通帳に500万円以上あったためしがない。

資産というほどの資産もなかった。ずっと賃貸住宅に住み、家など買ったこともない。車も持っていない。唯一の金融資産は生命保険だったが、それもすでに解約し、生活費に消えていた。銀行が預金通帳を差し押さえて、過去何カ月かの金の出入りをチェックしたが、所得隠しは見つからなかった。

私は、差し押さえられるべき金融資産や不動産を何一つ持っていなかった。
ただ一つ、布団の間に隠し持っていたものがある。
1本数万円の高級ワインを2本。
せこい話だが、ワインの魅力には勝てなかったのだ。
だが、息をひそめて待てども、誰も家捜しにやって来なかった。
「そんなものは誰も取りにきませんよ。銀行マンもそれほど暇じゃありません」
あとでこのことを聞いた弁護士は、あきれてこう言った。

自己破産すると周りの人は去っていくのか？

自己破産したあとの自分がどうなるのか、まったく想像がつかなかった。ただ、すべての財産を失った自分に何が起こるのか、この目で確かめたい思いもあった。自分は何者なのか、会社とお金をなくした自分に何が残るのか。それを見ないわけにはいかなかった。

あれから3年が経ったいま、わかったことがある。自己破産ではすべてを失うわけではない、ということだ。

パスポートもそのままだし、選挙権もなくならない。クレジットカードは新しくつくることはできないが、元々持っているカードは使うことができる。

なくしたのは、自分自身のプライドと借金、そして何といっても金融機関の信用だ。金融機関の信用はガタ落ちした。借金を踏み倒して金融業界を裏切ったのだから、これは仕方がないだろう。新たなローンは組めなくなり、事業資金を借りることもできなくなった。これは自由業である私にとっては大きな痛手だった。

ただ、それ以外は仕事や生活に大きな支障はなかった。

人が離れていかなかったことは、ありがたかった。会社を潰して自己破産もするのだから、周りの人はきっと離れていくだろうと私は思っていた。それがいちばん怖かった。

もちろん、去っていった人もいたけれど、家族や友達は誰も離れていかなかった。社員や取引先の仕事仲間、お客さんも温かかった。

私のことを励まそうと社員が飲みに誘ってくれたり、付き合いのある社長さんたちがご馳走《ちそう》してくれたりした。帰りはタクシーでわざわざ私の家を経由してくれたり、タクシー代を出してくれた人もいた。

会社を潰した元社長の私とどう接するべきか、社員は困ったと思うが、みんな本当にやさしかった。

自分で言うのもなんだが、ワイキューブ時代、私は社員に対してそんなにひどい社長ではなかったのだと思う。自分が嫌なことは社員にもやらせたくない、社長だけが特別なのは気が引けるという理由から、社員の待遇をできるだけ良くし、社員が楽しく仕事ができるようオフィス環境も充実させた。

これらが過剰投資となってしまったことも事実だが、社員のなかには「よくしてもらった」と感じている人もいたと思う。自己破産したあとも、露骨に態度を変えた社員など1人もいなかった。

人生のどん底にあってどうしようもなくつらいとき、本当に頼りになるのは、お金でも不動産でもなく、人である。それが身にしみてわかった。

本当に恐ろしいことは、お金や財産を失うことではなく、人を失うことなのだ。

「境目研究家」として社長時代の年収を超えられるか？

民事再生から1年が経ち、新会社が軌道に乗ってきたところで、私は会社を去った。

そして、「安田佳生事務所」を立ち上げた。

社員は二度と雇わないと決めていた。

社長をやって何が大変だったかといえば、社員に給料を払いつづけることだった。業績が傾いてからは、社員に給料を払うため金策に走りまわったが、これがしんどかった。

そのうえ、多くの社員が辞めていったことは、身を切られるくらいつらかった。

だから、もう社員は雇わない。

その代わり、1人でワイキューブ時代の年収を超えることを目標にした。それができたら、自分の実力であの年収を稼いでいたのだと胸を張って言える――。

私がこのことにこだわったのは、ワイキューブが潰れたのは、社員が給料分の働きをしなかったからだという気持ちが心のどこかにあったからだと思う。社員を役員並の待遇にしてみたものの、誰も役員並には働かなかった。だから潰れたのだ。

決して自分の給料が高すぎたからではない。私はそれだけの仕事をしていた――。

それを証明するために、社長時代の年収を超えるという目標を掲げた。

私は「境目研究家」を名乗って活動をはじめた。

境目研究家とは、あらゆる境目を研究することが仕事である。たとえば「友達」と「親友」の境目はどこか、「嘘つき」と「正直者」、「愛」と「ＬＯＶＥ」の境目はどこにあるのか……、などなど。

アホかと思うかもしれないが、決して乱心していたわけではない。その証拠に、いまも続けている。

社長だったころは、業績に直結する境界だけが研究の対象だった。儲かる会社と儲からない会社、売れる商品と売れない商品、できる人材とできない人材はどう違うのか。こんなことを真面目に真剣に考えていると、たくさんの経営者やビジネスマンに支持された。

一方で、ビジネスに関連のない境目など、誰も真剣に考えない。だからこそ、あえてそれを研究しようと考えた。

お笑い芸人が、人を笑わせるだけで生計を立てているように、また歌手が歌だけを生業にしているように、境目を研究するだけでも稼げるはずだ。無茶苦茶な理屈ではあるが、私は本気だった。

境目の研究結果を絵日記にして、ウェブサイトで発信した。はじめのうちは、イラストを外注して描いてもらっていたが、途中でイラスト代が払えなくなり、絵日記ではなく、ただの境目日記になった。

いきなり出鼻をくじかれてしまった。

結局、境目研究が直接もたらす収益は年間100万円にも満たなかった。そういう意味ではこの取り組みは失敗だった。

だが不思議なことに、この日記の読者がのちの顧客やビジネスパートナーへと変わっていくのである。

組織を失って知った「本当は使えない私」

組織を離れるとこんなにも不便なのかと、私は痛感するようになっていた。

社長時代は、自分の苦手なことは、社員が代わりにやってくれた。しかし、社員を雇わないと決めたいま、すべて自分でやらなければならなくなった。ホームページを開設するにも、ツイッターアカウントを作成するにも、誰も代わりにやってくれる人はいない。

自分では何一つできない、使えないヤツ――。それが私だった。

自分にスキルや能力がないなら、お金を払って人に手伝ってもらうしかないが、そのお金もないのだった。

この経験があって、組織とは何のためにあるのかを改めて考えた。

人には得意や不得意があり、自分1人でできることには限界がある。お互いの苦手や不得意を補うために、組織はあるのだ。

社長ではなくなって感じることを、メルマガに書いて伝えることにした。

自分はそれまで何のために働いていたのか、会社とは何なのか、お金とは何か……。いろいろな疑問が日々浮かんできて、それらを自分なりに整理して発信せずにはいられなかった。

毎日ツイッターでつぶやいた内容を、1週間ごとに振り返り、掘り下げたいと思うつぶやきを選んで、メルマガに書いた。これを2015年10月現在まで3年間続けている。

一度、自分がつぶやいた内容を改めて読んでみて、あまりのつまらなさにがっかりして、メルマガの配信を中止したことがあった。

しかし、発信することを止めてしまうと、人間は考えなくなる。私は考えつづけるために、ツイッターを再開し、つぶやきつづけている。

ツイッターには８０００人ほどのフォロワーがいて、メルマガには６０００人ほどの読者がいる。

ワイキューブ時代に本を何冊か出版していたので、当時の私を知る人が読者かと思っていたが、そうでもなかった。倒産してからの私に興味を持ってくれている人がかなりいることがわかった。

彼らは、ワイキューブの倒産で私に興味を持ち、それ以降、私がツイッターやメルマガで発信することに注目してくれていた。「会社を潰したあとの安田さんのファンなんです」と言ってくれる人もいる。

あるとき、このメルマガを有料化することを思いついた。６０００人の読者のうち、１割でも有料メルマガを購読してくれれば、ちょっとした収入源になるという計算が働いた。

結果は、半年で会員が１２０人ほどしか集まらなかった。これでは月に５～６万円にしかならない。

これで稼ぐのは難しいと、有料メルマガは断念した。

「しくじり先生」として講演で笑いをとる

また、講演を収入の柱にしようとも考えた。私自身、講演で話すことは嫌いではないし、効率よく稼げる仕事でもある。

講演の仕事を取ってくるために、講演を依頼してくれた人から人へ、紹介を増やしていくことを目論んだ。

そこで作製したのが、28ページもある名刺である。100万円しかない手元資金のうち、50万円を名刺の作製に費やした。

なんてバカなことをすると思うかもしれない。

しかし、28ページもある名刺を、人はなかなか捨てられないものである。他人がお金を掛けないところに、お金を掛けるのが、私の主義である。

そんな私のことを面白がって、講演を依頼する人が増えた。

講演の仕事を2回受ければ、名刺代の元は取れる。講演の依頼は順調に増え、名刺代50万円の元は十分に回収できた。

私は講演で境目研究について話したいと思っていたが、求められるのは会社を潰した話ばかりだった。

民事再生後に出版した『私、社長ではなくなりました。』（プレジデント社）が売れた影響もあったと思う。あれと同じ内容なら、会社の業績を伸ばすための秘訣も知ることができるし、会社を潰さないための教訓にもなる。成功した話をする人はいても、失敗した話をする人は珍しかったようで、それを聞きたいという人が結構いたのだ。ニーズにマッチしたのだといえる。

会社を潰した話をするのは、別に恥ずかしいとは思わなかった。借金を踏み倒した銀行に対して申し訳ないという気持ちはあったが、あの話を聞きたい人がいて、それが役に立つのなら、いくらでも話すつもりだった。

ワイキューブの社長だったころは、講演では「社長」と呼ばれた。社長でなくなってからは、「先生」と呼ばれている。

「安田先生、こちらへお願いします」

「だから、先生とは呼ばないでください。私はただ会社を潰した人間なので」

「いえいえ、とんでもございません、先生」

ものすごく丁寧に接してくれて、帰りにはお土産まで持たせてくれる。

そうやって私は会社を潰した話をして、何十万円もの講演料をいただいたのである。

会社を潰して、なぜ先生と呼ばれるのか。

世の中って、本当に不思議ですね――。

講演での最初のツカミには、いつもこのネタを話した。

自己破産後1年余りで中小企業共和国設立

1人で仕事をするようになってすぐのころ、「中小企業共和国」というNPOを立ち上げた。

中小企業を10万社つなげることで、1社ではできない面白いことをやろう、という発想からはじめた。中小企業ならではの面白いアイデアや企画を形にしながら、参加企業が損得を超えて有機的に融合できる場にしたいと考えた。

ただし、問題は資金だった。自己破産から1年足らずで、私にはお金がなかった。

そのとき助けてくれたのが、ワイキューブ時代からの仲間であるカケハシの役員だった。彼はオフィスを貸してくれたばかりか、設立メンバーに加わって人集めに奔走するなど、全面的にサポートしてくれた。

現在は、50社弱の会員で運営している。そして、定期的に集まっていろんな活動を行っている。

たとえば、ある会社の課題について勝手に経営会議をして発表する「勝手に経営会議」、チーム内で無理矢理コラボレーションして事業を生み出す「無理矢理コラボレーション」、ビジネス用語を勝手に定義する「経営用語辞典」など。

経営用語辞典では、たとえば「社員」をこう定義している。

「社員とは、愛すべき厄介者である」

こうした定義を中小企業の社長が頭をひねって考えるのだ。社長ってこんなふうに物事を見ているんだ、と社長の思考をのぞき見るようで面白い。

いずれ、社員が定義する経営用語辞典もつくり、中小企業の社長が定義する経営用語辞典と2冊セットで発売するという壮大な構想もある。こんな辞典があればきっと面白いだろうと夢が膨らむ。

ただ、月1回の会議で取り上げる言葉は一つだけであり、動きは極めてスローだ。辞典が完成するまでには、まだ何十年という歳月がかかる見込みである。

こうして私は、講演、ＮＰＯ、中小企業の顧問を仕事の柱にした。

メルマガを読んで興味を持った人が、講演を聞きに来てくれたり、顧問を依頼してくれるなど、それぞれの活動が有機的につながっていく実感があった。

それでも結局、ワイキューブ時代の年収の半分も稼ぐことができなかった。

ワイキューブが潰れた本当の理由　社員からの搾取

これが自分の実力だと認めざるを得なかった。

ワイキューブ時代、自分は年収以上の働きをしていると思っていた。しかし、それは社員の力があったから。自分だけで稼いでいたわけではなかったのだ。

社長でなくなって３年。

私はようやく、社長時代の給料が取りすぎだったこと、社員から搾取していた現実を認めたのだった。

それにしても、なぜ、社長時代の年収を超えることに躍起になっていたのか。

おそらく、「自分は給料を取りすぎていた」「社員から搾取している」という気持ちが、心のどこかにあったからだ。自分では決して認めていなかったが、その事実に心のどこかで気づいていて、後ろめたく感じていたのだ。

社長の年収が実力に見合っているかどうかは、社長にしかわからない。社長が何をやっているのか、社長の仕事を客観的に評価できる者などいないからだ。

加えて、社長は仕事とプライベートが曖昧になりがちだ。

「社長は24時間が仕事だ」という言葉に嘘はないかもしれないが、その言葉を言い訳にして、ゴルフや夜の銀座も会社の経費で払うこともできてしまう。とくに会社が儲かっているときは、「儲かっているからいいじゃないか」と、現実から目を逸《そ》らしがちになる。

そう考えると、仕事とプライベートをはっきり区別できる中小企業の社長は、じつはかなり少ないのではないかと思う。

年収が自分の実力ではなかったとわかり、私はもう一つの事実を突きつけられることになった。

ワイキューブが潰れた本当の理由である。

それは、私自身の給料だった。私が実力以上の年収を搾取していたことが、あの結末へと向かうすべてのはじまりだったのだ。

医者や弁護士を目指す人には、金儲けしたい人もなかにはいるかもしれないが、人の役に立つという大義がある。

一方で、社長になろうという人は、大抵、金持ちになりたいという欲が先にくる。実際、私もそうだった。何をやりたいかではなく、何をやればいちばん金になるかを考えて、社長になった。

社長が自分の給料を上げることは、それほど難しいことではない。

人口の多い国は、たくさんの民から税金を徴収することで、トップは豊かになれる。それと同じで、社員数の多い会社では、社員1人ずつから利益を徴収することで、社長の高額年収が捻出されるというわけだ。

私は、自分だけが高い年収を取ることに後ろめたさを感じ、役員やマネージャーの年収を引き上げた。ゴージャスな社長室をつくる代わりに、オフィス全体にお金をかけた。

過剰投資に対して社員から異論が出ると、私は「ブランディング」というロジックで押し切った。

おしゃれなオフィスには優秀な社員が集まるし、メディアにも取り上げられれば、何億円にも匹敵する広告効果が得られる――。

そうやって強引に進めたブランド戦略は、予想以上に成功し、業績も押し上げた。

私はとうとう社員全員の給料を大幅に引き上げた。400万円だった社員の平均年収は、2年ほどで750万円に跳ね上がった。

このときからワイキューブは、急斜面を転がるようにして民事再生に至ったのだ。2008年のリーマン・ショックという不運も重なったが、身の丈に合わない巨額な投資や借入が会社を潰したことは明らかだ。

その転落のはじまりは、多すぎた私自身の年収だった。

千円を浮かせる喜び

社長でなくなってからも、私は「元ワイキューブ社長」から抜け出せずにいた。

私の稼ぎはワイキューブ時代を大きく割り込んだ。けれども、これは私の実力ではない、と思いたい自分がいた。

私にはワイキューブ社長として稼いでいた実績がある。

自分には、本当は実力があるんだ――。

そう思いたいために、元社長の肩書きを手放せなかったのかもしれない。

仕事で会う人たちは皆、「元ワイキューブの安田さん」として私に接してくる。そう呼ばれることで、自分が何者かであることを認められているような気になれた。

社長時代の狂った金銭感覚も、なかなか元には戻らなかった。

最も稼いでいた時期は、家賃130万円のマンションに住み、夜は六本木で豪遊、週末は譲り受けたポルシェで1人ドライブするような生活をしていた。

自己破産してからは、さすがにそれもなくなった。自分では質素に暮らしているつもりだが、それでも、「あなたは何も変わってない」と妻に指摘されることがあった。

たとえば、移動手段としてタクシーを好んで使う習慣だ。

タクシーなら15分の距離でも、電車を使えば乗り換えなどで1時間くらいかかることがある。そのような場合、タクシーは割高だが、「時間を買う」と考えれば安い。経営者にはそう考えてタクシーを利用する人も多い。これも有効なお金の使い方だ。

けれども、自己破産した私にはふさわしくない、贅沢《ぜいたく》なお金の使い方だった。その意味で、私は経営者的な金銭感覚からなかなか抜け出せなかった。

お金はあればあるだけ使えばいいという感覚だったので、貯金もほとんどしたことがなかった。

普通の金銭感覚を持てるようになったのは、最近になってからだ。

堅実な妻のおかげである。

「今日は焼き肉を食べに行こう。節約は明日からすればいい」と私が言うと、「節約してお金が残ったら食べに行きましょう」と妻は言う。

けれどもお金は思うように残らず、なかなか焼き肉にはありつけなかった。最近ようやく家計が黒字化し、焼き肉を食べに行けるようになった。

地方出張からの帰り、東京駅から自宅までの距離を、以前なら間違いなくタクシーに乗った。それがいまは、バスに乗って帰るようになった。

そんなとき、自分の頭をなでてやりたくなる。俺はタクシーの誘惑に勝って、バスに乗ったぞ！　これで千円浮いたぞ！　とニヤニヤしたりしている。

生活するのに必要なものがそろっていれば、無駄なものは買わず、抑えるところは抑え、慎ましやかな生活を送るのがちょうどいい。

それでいて、ちょっとした贅沢をたまにしながら生きていく。それがとても健康的で、気持ちのよいことだと気づいた。

ワイキューブ時代の年収を超えようと躍起になっているうちは、「元ワイキューブ社長」の亡霊にとらわれていたのだと思う。

亡霊を完全に過去のものにするためには、目の前の現実を見て、その現実を受け入れる必要があった。社長ではなくなって、当時の年収の半分も稼げないという現実、それが自分の実力だということ。

そのことを認めて、惨めさを受け入れたとき、私はようやく「元ワイキューブ社長」の肩書きを手放し、等身大の自分を取り戻すことができた。

私、もう一度社長になりました。

二度と社員は雇わない、と講演などでは話していたが、本当のことを言うと、１人で仕事をしていても楽しくなかった。

むしろ、寂しかった。

あぁ、俺は寂しかったのか――、と認めてしまえば気持ちが随分と楽になった。

次第に「気の合う仲間と仕事がしたい」と思うようになった。

自分だけで儲けを独り占めするのではなく、みんなで協力して仕事を取り、みんなで儲けを分けて、みんなで喜び合う。そのほうがはるかに楽しいのではないか。

そう思いはじめてから1～2カ月のうちに、偶然の出会いが重なった。元社員や仕事仲間だった取引先、元クライアントなどいろんな人に再会したり、声をかけられたりした。

「もう一度社長をやろうと思っているんです」

「僕もやろうと思っていました」

「じゃあ、一緒にやりましょう！」

そういう話が一気に進んだ。

世の中にはあまたの人がいるが、実際に出会える人はほんの一握りで、それも奇跡のような偶然の賜物《たまもの》だ。

そして人は、出会うべきときに、出会うべき人に出会う。目には見えない求心力でお互いを導き合う。

そんなことをすごく感じた。

再会した元社員と、一緒に会社をやろうと盛り上がった。ところが、再び社長になる決意をしたものの、一つ大きな問題があった。

会社を立ち上げるお金がない。

それだけならまだしも、自己破産したことで、銀行からお金を借りることができない、ローンが組めないことが致命的だった。

すると、「お金は貸してあげるよ」と何人かの友人が申し出てくれた。オフィスに設置するコピー機のリースも組めなかったが、友人が自分の会社でリースを組み、私に同じリース代で貸してくれた。友人の存在のありがたさに心から感謝した。

ただ、クレジットカードの申し込みは、当然だが、ことごとく断られた。

民事再生や自己破産によって借金は合法的に免除されたが、これは金融業界にしてみれば著しい裏切りにほかならない。借金を踏み倒したヤツには絶対に金を貸さないでおこう、という暗黙のルールがあるのだと思う。私は法律の世界では無罪だったが、金融の世界では刑に処せられたということだ。

このように現実にはいろいろと壁も多かったが、人との出会いや人の助けがあって、私はふたたび社長になった。

明日、行きたくなる会社

私が友人たちと資本金を出し合ってつくった会社、それが冒頭で触れたBFI（ブランドファーマーズ・インク）だ。中小企業のブランディングと組織づくりを支援する会社だ。すでにお察しのことと思うが、FBI（米国連邦捜査局）をかなり意識している。

私はこの会社で、一つの壮大な実験を試みている。それは、「雇う」「雇われる」という雇用の壁を越えることだ。

私はそもそも誰かに雇われることが嫌で、ワイキューブを立ち上げて社長になった。社長になると今度は、社長は責任やリスクを負っているという理由で高い年収を取り、その後ろめたさから社員の給料も引き上げて、会社を潰した。

社長だから、雇っているから、リスクを負っているから……。

これらの壁をなくしたい。

そこでBFIでは、社長としての権利収入を放棄することにした。つまり、社長だからという理由で、高い給料を取らない。社長も一スタッフとして、ほかのスタッフと同じ立場で仕事をする。

ただ、社長という役割があるだけ。商品企画や販売を担当するスタッフがいるように、社長は経営戦略の立案を担当する。

「雇う」「雇われる」という関係をなくすため、業務委託の形態を多く取り入れた。つまり、給料は会社からもらうものではない。ましてや社長が払っているわけでもない。報酬はお客さんから貢献に応じていただくものであることを明確にした。

現在15人のスタッフのうち、正社員は2名だけ。あとは皆、副業を持っていたり、逆にBFIの仕事が副業だったりする。

そして、会社の収益は各自の貢献に応じて分配する。誰も搾取しないし、誰からも搾取されない。これこそ、BFIが目指す会社運営である。

ワイキューブを潰して、すべてを失ってみて、わかったことがある。

人がいれば、何でもできるということだ。

お金がない私の代わりに、オフィスを探してきてくれる人、コピー機をリースしてくれる人がいる。自分をサポートしてくれる人が周りにいたから、資金がなくても会社を立ち上げることができた。

一緒に働きたい仲間がいて、一緒に追いかけたいビジョンがあって、そこに自分が貢献できる仕事があれば、人は楽しく働くことができる。

そういう会社こそ、みんなが行きたくなる会社ではないだろうか。

人が集まって、仕事が集まってくれれば、会社は自然に運営されていくはず。そこには雇う人も雇われる人もいない。

「明日、行きたくなる会社」とは、そんな会社だと思う。

これが、この3年間で私がたどり着いた仮説であり、これからの人生をかけてチャレンジしたい未来への答えである。

私の実験をあなたは嗤うか?

現在、この仮説を実証すべく実験中である。

まずは自分たちの会社で実証し、いずれは日本全国、さらに世界へと広げていきたいと本気で考えている。

「雇う・雇われるの壁を越えた会社」が世の中の主流になり、「仕事が楽しい」ことが当たり前になるまでに、あと何年かかるのか私にもわからない。20年、あるいは30年、いや、もしかすると変革のスピードが急速に速まって、ごく近い将来に実現するかもしれない。

ただ、一つ言えることは、この実験は必ず成功するということだ。これは確信を持って言える。

なぜなら、「雇う」「雇われる」という関係に立脚したこれまでの働き方に、限界が訪れているのは確かであるからだ。同時に、仕事がつまらなく感じるいまの働き方に疑問を持ち、自分なりの新しい働き方を模索しようとする人たちが現れている。

雇用の壁を越えた新しい会社が、これからの時代の主流になる。

それについて、第1章からは私なりの根拠を提示していきたいと思う。

第1章

「働いたら負け」のウソとホント

「職業選択の自由」を取り戻せ

仕事がつまらなければ辞めてしまえばいい

「仕事がつまらない」と言うと、必ず反論が返ってくる。

仕事とはそもそもつまらないものだ。嫌なことも我慢するのが仕事だし、やりたくない仕事もやるのが会社員の務めだ。

そのために会社は給料を払っているのだから。

このように言われて、そんなものかと思い込んでいる人が世の中にはとても多い。

それで文句も言わずに与えられた仕事をやってしまうから、鬱になる人がどんどん増えるのだ。

外資系でバリバリ働く女性社員が、雑誌の取材に答えていた。

記者「どうしても好きになれない人と、仕事で組まなければならないときもありますよね」

女性社員「仕事でいちばん大事なことは、ゴールを達成すること。そのゴールを実現するために、嫌いな人とどう折り合いをつけるかを考えるのも仕事のうちです」

記者「相手がものすごく威圧的な人だったとして、その人のきつい言い方に傷ついて、仕事に支障が出たとしても？」

女性社員「相手の言動に傷つく暇があったら、ゴールを達成するための手立てを考えるなど、ポジティブな思考に時間を使うべきではないでしょうか」

じつに合理的で、ごもっともなアドバイスだ。この人はおそらく、頭のいい人なのだろう。きっと社内で優秀社員として表彰されるタイプだ。

しかし、彼女が本当にこう考えているなら、会社の思惑に完全に取り込まれている。優秀な人ほど、会社の評価がすべての基準になり、会社が求める有能なマシーンになっていくのである。

仕事はそもそも我慢するものではない。

むしろ、楽しいものである。食事を楽しんだり、旅行を楽しんだりするのと同じように、「仕事をすること自体が楽しい」と感じられるものであるべきだ。

そうでなければ、私たちは不幸である。人生の多くの時間を仕事に費やすのだ。仕事を楽しめなければ、何のために生きているのかわからないではないか。

では、なぜ多くの人が「仕事はつまらない」と感じながらも仕事を続けているのか。なぜ、面白くもない仕事をするために毎日会社に通っているのか。

この章では、私たちがとらわれがちな労働に対する考え方、労働における既成概念をあぶり出していきたい。

その正体がわかれば、私たちはもっと頭を柔らかくして、この世の中と自分の働き方を見つめ直すことができる。いまとは違う選択があることにも気づくはずである。

吊り革をめぐる戦いに勝者はいない

嫌なことを我慢するのが仕事だとするなら、その象徴が満員電車での通勤だろう。

私は満員電車が嫌いである。おそらく満員電車を好きな人などいない。

満員電車で通勤したくない一心で、私は二十代半ばで自分の会社を立ち上げた。会社を設立した理由はこれだけではないが、社長になれば満員電車に乗らなくてもいい、というのが大きな動機でもあった。

満員電車をめぐる私の戦いは、高校時代にさかのぼる。当時は大阪に住んでおり、毎朝電車で学校に通っていた。

大阪の乗車マナーは、いまでこそ少しはマシになったが、当時は東京とは比べものにならないくらいタチが悪かった。列の割り込みは日常茶飯事。我先にと乗車する人の波に押されて、車内の奥深くに押し込まれてしまうと、降りる駅がきても降りるのにひと苦労だった。実際、乗換駅で降りるに降りられず、学校に遅刻してしまうこともあった。

そんな事態を避けるため、いつもドア付近の吊り革を狙っていた。

満員電車では、ドア付近のポジションをめぐって熾烈《しれつ》な争いが起きるものだが、私にも同じ吊り革を奪い合うライバルがいた。四十代くらいのサラリーマンのおっさんである。

惜しくも吊り革を明け渡してしまった日は、私は車内の奥深くに流されて、学校に遅刻した。反対に、吊り革を奪取できた日は、人波に押されたおっさんが車中深くに

消えていった。私はその光景を見るのが、1日のうちでいちばんの喜びだった。

そんな争いを3年間続け、高校卒業が近づいてきたとき、ふと思ったのだ。

これでようやく満員電車から解放される。おっさんと吊り革を奪い合うこともなくなる。

一方でこうも思った。このおっさんはいつから吊り革争奪戦をやっているのだろう。これからも、私ではない誰かと吊り革を奪い合うのだろうか。

そう考えた途端、これはマズイと思った。

このまま大人たちの言うとおりに、いい大学に入って、いい会社に入ったら、自分も間違いなくこのおっさんのような人生を送ることになる。毎日、満員電車にもみくちゃにされながら会社に通うことになるのだ。

日本にいても何も変わらない。だったらアメリカの大学に行って、既定路線に抵抗しよう。

そうして私はアメリカ留学を決行し、帰国後に自分の会社を立ち上げたのである。

満員電車に乗ってまで行くあなたの会社の価値は？

満員電車に乗らないことは、私の人生の重要事項の一つである。

しかし、世の中を見渡せば、今日も大勢のサラリーマンが、満員電車に揺られて会社に向かっている。どの顔も朝から疲れた様子で、覇気がない。満員電車では笑顔でいることのほうが難しい。

なぜ、満員電車を我慢してまで会社に行くのか。

「仕事が楽しいから会社に行く」という人もなかにはいるかもしれない。

自分の好きな仕事に就いていて、誰かの役に立ち、誰かに喜ばれている実感がある。毎日働くことが楽しくてしょうがないという人は幸せである。仕事とは本来、そうあるべきだと私は思う。

それに対して、大半の人はこう答えるだろう。

「会社に行くのは、仕事があるからに決まっているじゃないか」

では、あなたの言う「仕事」とはどういうものか。

多くの人にとって、仕事とは会社から与えられたタスクを指すのではないだろうか。

タスクとは、たとえば自社の商品を売る営業だったり、経理部での伝票記入だったり、カスタマーセンターの責任者だったりする。

ただし、本人の好き嫌いや得手不得手を考慮されるケースは少なく、あまり興味を持てない業務の担当になることのほうが多い。会社や上司の指示に従うことも、会社員であれば当然と考えられている。

こう考えると、人々が今日も会社に行くのは「その仕事が好きで、その仕事をやりたいから会社に行く」という幸せな人を除けば、「会社から与えられたタスクをこなすため」だと言うことができる。

会社へ行く理由「責任感」を検証する

好きでもなければ得意でもない仕事を与えられた人にとって、モチベーションを高めることは非常に難しい。自分の能力が見込まれたわけでもなく、自分にしかできない仕事というわけでもない。代わりなどいくらでもいる仕事をこなすだけの日々に、やる気など起きようはずもない。

そんな人たちが拠り所としたのが、「責任感」という呪文である。

彼らは次のように自分に言い聞かせて、やる気を盛り上げようとする。「任された仕事は最後までやり遂げるべき」「営業マンとして会社の売上に貢献する責任がある」「部下を指導するのは課長である私の責任」「一家の大黒柱として、生活のためにお金を稼がなきゃならない」。

内から湧き出る仕事への情熱や興味の代わりに、周りから期待される役割を果たすことを理由に働こうとする。つまり、「責任感」をモチベーションにしようとしているのである。

もちろん、何事においても責任感を持つことは大事である。期日までに仕事を終わらせること、手を抜かず仕事のクオリティを上げること。これらは社会人なら当然の仕事の作法である。

しかし、責任感を働くモチベーションにしてはいけない。

たとえば「家族のために仕事をがんばる」というのは、モチベーションのあり方として間違っている。

これに薄々気づいている人もいるだろう。

日曜の夜になるとゆううつな気分になり、「明日からまた会社か……」と思わずため息がこぼれてしまう。そして、こんなことを思うのだ。

自分には仕事があり、会社に行くのは当然だと思っている。家族のためにも仕事は辞められない。でも、ときどき何のために仕事をしているのかわからなくなる。上司の命令は理不尽だし、嫌な客に頭を下げるのも釈然としない――。

責任感だけで仕事をがんばろうとすると、「サザエさん」を見ながらこのようにため息をつくことになるのだ。


第0章でも触れたが、ワイキューブの民事再生に伴い社長職を降りた途端、私は仕事をする気力を失ってしまった。まったくエネルギーが湧いてこなくなったのだ。

社長時代は責任感だけで仕事をしていたからだと、あとになって気づいた。とくに会社が傾いてからは、「なんとかして業績を回復させ、社員の雇用を守ることが社長としての責任だ」と、そればかり考えていた。「会社を守らなければならない」という思いだけが私を奮い立たせていたのだ。

いざ社長でなくなって、その責任から解放されると、何のために仕事をするのか、何のためにがんばるのか、働く理由を見失ってしまったのだ。

責任感で仕事をがんばるのは、言ってみれば責任感だけで誰かと結婚するようなものだ。

たとえば「彼女の妊娠」「彼女の年齢」「長く付き合ったこと」だけを理由に責任感だけで結婚しようとする。それでうまくいく人もいるかもしれないが、私に言わせれば、そのような結婚生活がうまくいくとは思えない。

やはり、自分の気持ちを大切にして「相手のことが好き」「この人と一緒にいたい」と思える人と結婚することが重要だ。相手を愛しく思う気持ちがあれば、多少の荒波は乗り越えられる。

仕事も同じである。自分の内から湧き出る情熱なくして、会社のため、利益のため、家族のために働いても、仕事はつまらないだけだ。

宝くじで6億円当たっても仕事を続けるか？

「責任感」の対極にあるのが、「使命感」である。混同する人が多いがこの二つはまったく違うものだ。

責任感で仕事をがんばるのはつらいが、使命感があれば人は喜んでがんばることができる。使命感は最強のモチベーションになるのである。

たとえば、医者が山奥や孤島などの無医村に自ら赴き、地域住民の健康のために奮闘するのは使命感に近い。患者の病気回復や社会復帰を懸命にサポートし、患者が笑顔で退院していく姿を見たいがために、不眠不休の治療にあたるのは使命感といえる。

私が考える「使命感」とは、自分の意思で自分の時間を使い、誰かの役に立とうとすることだ。たとえ報酬がなくても、どんなに苛酷な状況でも、それに勝るやりがいや満足感がある。だから、がんばれる。

責任感と使命感。あなたはどちらを働く理由にしているだろうか。

これを知るための簡単な質問がある。

「もし、宝くじで6億円当たっても、仕事を続けますか?」

これに対して、「すぐにでも会社を辞めて、南の島で遊んで暮らしたい」と即答する人は、責任感で仕事をしているのかもしれない。一生遊んで暮らせるくらいのお金があったら、それ以上働きつづける意欲が湧かない。ということは、仕事にやりがいや楽しさをあまり感じていないと考えられる。

一方で、仕事が楽しいと感じる人や、使命感を持って仕事に打ち込んでいる人は、いくらお金があっても仕事を辞める選択はしない。

彼らにとって、働く理由は報酬ではないからだ。仕事そのものが楽しく、また人生をかける価値があると思うから、働くのである。

では、どんなときに「仕事が楽しい」と感じるのだろうか。

稼いだお金で買い物したり、旅行に行ったり、おいしい食事をしたり、お金を使うことで仕事の疲れやストレスを癒そうとする人は多い。もちろん、お金を使うことも楽しみの一つではある。

しかし、私がこの本で提案したいのは、「仕事そのものを楽しむ」ことである。仕事における楽しみこそが、人生を劇的に変える最高の報酬なのである。

会社へ行く理由「選択肢がない」を検証する

やりたい仕事がないなら、その会社に居つづける必要はないのではないか。

そのように私が言うと、必ず反論が返ってくる。

「会社を辞めたら食べていけない。いまの会社で働くしかないんだ」

彼らの言い分はこうだ。選択肢がないから辞められない。仕方がないから、嫌だけれども会社に行く。それが、満員電車を我慢してまで出社を続けるもう一つの理由なのだ。

しかし、本当に選択肢はないのだろうか。

たとえば、「仕事がないと家族を食べさせていくことができない」と言うが、本当にそうだろうか。

食べていくだけなら、会社員である必要はない。持っているスキルを直接誰かに買ってもらえばいいのである。

たとえば私の知り合いに、ポッドキャスト（インターネットのラジオ番組）の配信を生業にしている若者がいる。

彼は、あるホテルで3年間働いたのちに会社を辞め、フリーのライターになった。だがライターとしての腕だけでは食べていけない。そこで知り合いのポッドキャストの配信を手伝うことにした。

専門の会社に頼めば、月20～30万円はする仕事である。彼はそれを5万円で引き受けた。すると、それが評判になって、次から次に仕事が入ってきた。

「企画書づくりも手伝ってほしい」「動画づくりも手伝ってほしい」。気がついたときにはホテルマン時代の収入をはるかに越えていた。

ＩＴの知識も文章力もデザイン力も、それ単体ではプロになれるレベルではなかったが、その三つを組み合わせて、身近な人の役に立つことによって、彼は見事に自立することに成功したのである。

いま述べた若者の話は、数ある選択肢の一つにすぎない。趣味を生かしてインターネットで商品を売ったり、得意なことを人に教えることで収入を得たり、できることは無数にある。

選択肢がないと感じるのは、ただの思い込みにすぎない。

目の前に提示された選択肢のなかから選ぼうとしないことだ。実際には、無限に近い選択肢が社会には広がっている。

他人から与えられた選択肢は突っぱねよう

なぜ、これしか選択肢はないと思ってしまう人が多いのだろうか。

それは、日本の学校教育に責任の一端がある。

私たちは子どものころから、学校の先生や親、世間一般が「正しい」とする選択肢のなかから選ばされつづけてきた。彼らの勧める道を素直に歩くことが、正しいことだと思い込まされてきたのだ。

大人たちの言うことに疑問を持ち、「なぜそれをしなきゃいけないの?」といちいち質問する子どもは、「この子は変な子だ」「社会の規律を守れない子だ」などとレッテルを貼られることになる。

私はまさに、レッテルを貼られるような子どもだった。自分が納得しない限り、学校の先生の言うことに頑として首を縦に振らなかった。

高校受験のとき、私にはどうしても行きたい私立高校があった。父の出身校であり、私服で通える点が魅力だった。

ただ問題だったのは、その学校が地域でも有数の進学校だったことだ。私の成績は学年で下から3番目で、とてもじゃないがその学校に受かるような実力はなかった。

私は毎日、放課後になると先生に呼び出されて、志望校のランクを落とすよう説得された。

先生が提案した学校は二つあった。「このどちらかを選べ」と言われたが、私はどちらにも行きたくなかった。

興味のない学校を受験するくらいなら、行きたい学校に挑戦して、落ちたら落ちたで高校に行かなくても構わないとさえ思っていた。

だが、先生にはそんなことは絶対に許されない。私が行きたいとか、行きたくないとかは関係なく、高校に行くこと自体が正しい選択だと信じて疑わないのである。

私の抵抗は数カ月にも及んだ。その間に何人もの先生たちが、入れ替わり立ち替わり私への説得を試みた。

ついに、先生たちは私の頑固さに根負けし、志望校への受験を渋々許可したのである。もしも落ちたら先生たちの言うとおりにする、という条件と引き換えに。

猛勉強の末、大方の予想を裏切って合格したのには、自分でも驚いた。

私の周りを見ると、自分の行きたい学校に行った人はほんの一握りで、大半は自分で考えることなく、先生に言われるまま受験していた。

仲のよかった友人もそうだった。私よりもずっと頭がよく、彼なら志望校にもきっと合格するだろうと思っていた。

ところが、より安全を狙うため、ワンランク下の高校を受験するよう先生から勧められた彼は、その言葉どおりに受験し、その高校へ進学してしまった。

彼にはその後も何度か会ったが、希望どおりの高校へ楽しそうに通う私のことを、面白く思ってないようだった。彼とはしばらくして疎遠になってしまった。

真に頭のいい人とは自分の頭で考える人

いい大学を出て、いい会社に入ることが、人生における最良の選択肢である。このような価値観を子どもたちに刷り込んできたのが、従来の日本の教育である。

同じような疑問を呈している人は、過去にも、そしていまもいるだろうが、相変わらずこうした価値観が日本人の主流であることは変わっていない。

東大の合格発表や高校の難関大学進学数ランキングが、毎年大々的にテレビや週刊誌で報じられ、また就職人気企業ランキングのトップに相変わらず有名大企業が名を連ねるのも、その価値観が依然として根強いことを証明している。

グローバル競争が熾烈を極めるのに伴い、大企業に入ることが人生の勝ち組だった時代は終わりつつある。従来どおりの価値観で大企業に入っても、思いどおりの成功や出世は叶わなくなった。

しかし、親や先生たちが与えた価値観を鵜呑《うの》みにし、自分の頭で考えることを放棄した人は、その変化に気づかない。いくらがんばっても報われないラットレースに疲弊する人が増えていくことになる。

一方、自分の頭で考える人は、大企業には行かなくなる。大量生産、大量消費の仕組みに組み込まれることは、頭の悪い人のすることだと彼らは気づいている。大企業で出世するのとは違う方法で成功を目指すようになるだろう。

成功そのものの定義も、変化しつつある。以前のように、出世欲や金銭欲を満たすだけが成功ではなくなった。

一人ひとりに異なる「成功」が存在する。

このような時代には、自分の頭で考え、多様な選択肢から進むべき道を選べる人のほうが強い。


学問の真の目的は、選択肢を増やし、自由になることである。知識やスキルを身につければ、できなかったことができるようになり、できることの可能性が広がっていく。

反対に、学校に行ったことで人生の選択肢が狭まっているとしたら、本末転倒もいいところである。

常識ほど非常識なものはない

高校生のころは、満員電車に乗る以外に方法を思いつかず、おっさんとの吊り革争いに参戦せざるを得なかった。しかし、大人になって知恵がつけば、満員電車に乗らない人生なんていくらでもあることに気づく。

選択肢が無限にあるとは、たとえばこういうことだ。

私は花見が大好きだ。

ただ残念なことに、桜の名所と呼ばれる場所には、桜好きな日本人が大挙して押し寄せる。人ごみの苦手な私にとって、拷問のような場所である。

人ごみに耐えて花見を決行するのか、それとも、人ごみを避けて花見をあきらめるのか。

どちらかを我慢するなんてバカバカしい。

こうなったら、自宅で花見だ！　と考えて、私は桜の木を自宅で育てることにした。

といっても、もちろん盆栽である。水やりや世話に手間がかかるものの、桜を独り占めしながら酒が飲めるのは乙なものである。

会社のスタッフとの花見は、昼過ぎからシャンパンを持って日比谷公園に出かける。「昼はお酒が飲めないじゃないですか」とスタッフは言うが、「どうして？　別に飲んだっていいじゃない」と私は答える。

この国では、昼間から酒を飲む人は非常識だとされるが、いったい誰が決めたのか。世界には、ランチでワインを飲み、そのあと2時間も昼寝する国だってあるのだ。

お天道様の下で酒と花見を存分に楽しんだのち、夕方に解散。これ以上に快適で愉快な花見はない。

私たちが常識だと思ってきたことが、じつはとんでもなく非常識だということがある。

エスカレーターに乗るときは、左側に立ち、急ぐ人のために右側を空けるのが慣例になっている。うっかり右側に立とうものなら、「非常識！」と後ろ指をさされかねないほど、周りの痛い視線に遭う。関西では逆で、右側に立ち、左側を空けるのが習慣だ。

じつはこの習慣は、ご存じの方も多いと思うが、エスカレーターの安全基準に反している。エスカレーターは歩くためにつくられていないので、歩行すれば思わぬ事故や機器の故障を招く恐れがあるのだ。

私はエスカレーターに乗るたびに、「正しく乗るんだ、堂々と右側に立つぞ！」と意を決してステップに足を乗せる。しかし、周りの痛烈な視線が気になって、私の決意はいまだ実行されないままだ。

ただし、一つだけ決めていることがある。どんなに急いでいても、絶対にエスカレーターの上を歩かない。遅刻して商談がパーになったとしても、だ。

その程度のプレッシャーに負けるわけにはいかない。それが私のルールであり、「常識」という仮面を被った「非常識」に対する、私のささやかな抵抗である。

人々は、与えられた法律や常識を何の疑いも持たずに受け入れているうちに、それが「当たり前」で、自分にとっての「唯一の選択肢」だと思い込むようになる。

誰かがつくったルールだとも気づかずに、それを当然のように受け入れ、それ以外の選択肢を思いつかなくなるのはとても恐ろしいことだ。

何かがおかしいと気づくとき

「マトリックス」の世界

ほとんどの人は、誰かがつくったルールの上で生きているとは意識していないかもしれない。

しかし、一部の自分の頭で考える人たちは、何かがおかしいと気づきはじめている。これまで「正しい」と思っていたことが、冷静に考えてみれば「正しくない」とわかったり、「得だ」と思っていたことが、じつは「損をしている」と気づいたりしている。

自分の給料はいっこうに増えないのに、なぜ営業ノルマだけが増えていくのか。

社員が増えて売上が上がったのに、給料が増えないのはなぜか。

社員は安月給で休みなく働いているのに、社長や役員だけが飛び抜けた報酬をもらい、立派な豪邸に住んでいるのはなぜなのか。

日本のGDP（国内総生産）は減りつづけているのに、わが社の売上目標はなぜ増えつづけているのか。

それっておかしくないか？

疑問を感じはじめている人は、トーマス・アンダーソンと同じように、この世界が「何者かに都合よくつくられた世界」だと気づきはじめている。

トーマス・アンダーソンは、映画「マトリックス」の主人公だ。彼は、「いま生きている世界は、何かがおかしい」という違和感を抱いていたが、ある日、「この世界はコンピュータによってつくり出された仮想世界」だと知らされる。コンピュータに人間がコントロールされている現実世界を救うため、彼は仮想世界に潜り込んで戦う選択をする、というストーリーだ。

「マトリックス」では、現実世界を支配していたのはコンピュータだった。では、私たちが生きるこの世の中をコントロールしているのは誰なのか。

つまらない仕事を我慢してやっても、楽しくない。それでも毎日満員電車に乗って会社に行くのは、私たちが責任感の強い人間だからだ。

だが、責任感だけで、会社から与えられた仕事を我慢するのはもう止めよう。責任を果たすべきとか、ほかに選択肢がないとか、それこそ誰かが意図的に私たちをコントロールするために刷り込んだ偏見や既成概念である。

第 2 章

正社員に告ぐ

世の社長たちの本音と建前

正社員の罠

「正社員＝将来の安定」と信じているわけではないが、それでも無職やフリーター、自称ノマド、派遣や契約などの非正規雇用よりはマシと考えて、正社員を目指す人は多い。

果たして、正社員という選択肢は正しいのだろうか。

事実、企業は相当の理由がない限り、正社員を解雇することはできない。その意味で正社員の雇用は守られており、食いっぱぐれる心配は少ないかもしれない。

しかし、会社に縛られた働き方では収入も増えず、ジリ貧に向かうだけだ。正社員という働き方は、すでに限界を迎えている。

ここで、正社員として働くとはどういうことか、改めて考えてみたい。

正社員の典型的な勤務形態とされる、「週5日のフルタイム勤務」。この言葉が語るように、時間をお金に換えているのが正社員の働き方である。

1日のうち、8時間なり9時間という時間を会社に提供し、会社から指示された仕事をこなす代わりに、給料を得る。つまり、自分の時間を売っているのだ。時給で働くアルバイトと本質的には変わらない。

この「時間をお金に換える」という働き方の効率が落ちている。もはやピークは過ぎたと言っていい。

大量生産、大量消費のシステムが健在だったころは、このような働き方でもよかった。世の中にものが十分に普及していないうちは、モノがたくさんある地域から不足している地域に向けて大量に供給すれば、どんどん売れていった。需要に供給が追いつかず、ものの値段も上がりつづけた。

そこで働く人たちは、会社に言われたことを真面目に黙々とやりつづけるだけで、給料が増えていったのだ。

ところがいまは、安くて質の高いものがたくさん出回っている。価格競争に陥った企業は、社員の給料を下げなければ生き残ることすらできない。減給のプレッシャーのなかで、昨日と同じことを黙々とやりつづけるだけでは、社員の給料は下がる一方である。

時間を増やすか、スキルを上げるか、それとも…

収入を増やす方法は、端的に考えれば二つしかない。

一つは、働く時間を増やすこと。

1日8時間勤務で十分な収入が得られないなら、副業でアルバイトでもするほかない。そうはいっても、1日に24時間以上働くことはできないので、収入はいずれ頭打ちになる。

働く時間を増やせないなら、もう一つの選択肢として、時給を上げるしかない。

時給を上げるには、昨日とは違うこと、言われた以上のことをやらなければならない。つまり、スキルアップが必要だ。

しかし、正社員として働いている限り、スキルアップは難しいという現実がある。

会社としては、社員の能力が上がって、利益を上げてくれるに越したことはない。ただ、それは社員の収入を増やすためのスキルアップとは明らかに目的が違う。本人の収入アップにはつながるが、会社の利益にはつながらない。そのようなスキルを会社が求める理由がない。

たとえば、住宅販売をしている社員がコピーライティングの学校に通いたいと申し出たら、あるいは居酒屋の店舗スタッフがデザインの勉強をしたいと申し出たら、会社はそれを喜んで許可するだろうか。

利益につながらないスキルアップなど、会社から見れば遊んでいるのと同じなのである。

仮に社員のスキルが上がったとしても、会社は社員の時給を上げたがらないだろう。厳しい競争環境において、人件費をできるだけ抑えたいのが本音だからだ。

働く時間を増やそうにも限度があり、またスキルアップにも限界がある。

「時間をお金に換える」という正社員の働き方は、もはや賢い選択とは言えないのである。

会社は社員のスキルアップなど望まない⁉

正社員になれば、スキルが身につく――。

このように思う人が多いのは、雇用が安定して在籍期間が長くなれば、任される仕事の幅も広がり、自然とスキルアップできるというイメージがあるからだろう。

これもいまとなっては嘘である。現実には、普通に仕事をしているだけではスキルは身につかない。

仕事のスキルは、どうすれば身につくのだろうか。

プロのスポーツ選手や棋士などのように勝負師たちが、技術をどのように磨いているかを考えてみるとよい。

試合本番でしか身につかない技術も、もちろんある。

だが、それ以上に、基礎体力の向上や、弱点の克服などは、地道に練習をくり返すことでしか達成できない。

仕事のスキルアップにも同じことがいえる。

与えられた通常業務（野球でいえば試合）をこなすだけで、身につくスキルは限られ

フォレスト出版　愛読者カード

ご購読ありがとうございます。今後の出版物の資料とさせていただきますので、下記の設問にお答えください。ご協力をお願い申し上げます。

●ご購入図書名　「　　　　　　　　　　」

●お買い上げ書店名「　　　　　　　　　　」書店

●お買い求めの動機は？

1．著者が好きだから　　2．タイトルが気に入って

3．装丁がよかったから　　4．人にすすめられて

5．新聞・雑誌の広告で（掲載紙誌名　　　　　　）

6．その他（　　　　　　　　　　）

●本書についてのご意見・ご感想をお聞かせください。

●ご意見・ご感想を広告等に掲載させていただいてもよろしいでしょうか？

□YES　　□NO　　□匿名であればYES

郵 便 は が き

料金受取人払郵便

牛込局承認

1022

差出有効期限
平成29年 5 月
31日まで

1 6 2-8 7 9 0

東京都新宿区揚場町2-18
白宝ビル5F

フォレスト出版株式会社
愛読者カード係

フリガナ お名前	年齢　　　　歳 性別（ 男・女 ）
ご住所 〒 ☎　（　　）　FAX　（　　）	
ご職業	役職
ご勤務先または学校名	
Eメールアドレス メールによる新刊案内をお送り致します。ご希望されない場合は空欄のままで結構です。	

ている。企画書の書き方や、顧客応対の仕方など、実践を通して必要最小限のビジネススキルは身につくかもしれない。

しかし、企画力そのもののレベルを上げたり、販売戦略を自ら考えられる営業マンになるには、自分に何が不足しているかを考え、足りない技術を磨く努力をしなければならない。仕事においても、練習が必要なのである。

ただし、正社員は練習のための時間が取れない。

普段は、通常業務をこなすだけで、1日が終わってしまう。効率化が最優先される職場では、仕事以外に時間を割くことは難しい。もしも、いまの仕組みのなかで必要としないスキルを得るために勉強したいと申し出たなら、「余計なことは考えるな、まずは言われたことをきちんとやれ」と否定されるのがオチである。

グーグルには、勤務時間のうちの2割の時間は、仕事とは関係ないことに使うというルールがあることは有名だ。このルールが世に知られたとき、「さすがグーグルだ！」と称賛する声が上がったが、私はまったく逆の印象を持った。

グーグルの社員でさえ、ルールによって強制されなければ、自分の未来を耕すための時間を持つことができないのだ。

いわんや一般企業の社員は……、である。

経済が右肩上がりではない以上、自分のスキルアップなしに、給料アップは望めない。昨日と変わらない働きをする社員に、企業が昇給を認めることはない。

では、どのような社員にならば、企業は高い給料を払おうとするだろうか。

その人にしかできない何かがあるとか、その人がいなければプロジェクトが成功しないとか、替えの利かないオリジナリティに対しては支払うしかない。

出た杭は打たれるのがサラリーマンの常識であったが、ずば抜けて突出した人材を認めざるを得ないのがいまの時代である。卓越した技術や能力で会社に利益をもたらす社員には、会社も文句は言えないし、高い給料でも払わざるを得ない。

ただし、そのようなオリジナリティを確立するには、会社や上司の言うことを真面目に聞いているだけでは駄目である。イチロー選手があの域に登り詰めたのは、自分のスタイルを自分自身でつくり出し、コントロールしつづけてきたからである。

あなたはどうだろうか。

会社にとって都合のいい社員でいる限り、スキルアップは望めないし、昇給も難しいということだ。

定期減給というリアルな可能性　定期昇給のカラクリ

正社員こそ正しい選択、という幻想をつくってきた要素の一つに、定期昇給システムがある。

このシステムも、いまでは完全に崩壊してしまった。

定期昇給とは、年齢や勤続年数とともに、給料が上がる仕組みのことである——、というのは表向きの説明。

実際は、20〜30代の報酬を低く抑えることで、その後、賃金が上昇するように見せかけているだけである。つまり、若いころに支払うべき給料を支払わずに溜めておき、年齢が上がってから上乗せしているのだ。したがって、その人に支払われる賃金総額は変わらない。

むしろ、低く抑えるための仕組みと言っていい。

定期昇給の給与体系は、定年まで働いてようやく元が取れるようになっているため、若いうちに会社を辞めてしまえば、安月給で働かされて終わりなのだ。

反対に、長く会社に勤めるほど、うま味が増すシステムでもある。本人の実績や能力にかかわらず、働きつづけていれば給料は自動的に上がっていく。こんなおいしい話はない。

ただし、これは経済が右肩上がりの時代にこそ可能だった。経済が上向いていたころは、給料分の働きに満たない年配社員にも、それなりの給料を払う余裕があった。いま、経済成長が鈍化し、激しい競争環境にある企業にとって、高給取りの年配社員は〝お荷物〟でしかない。その〝お荷物〟を排除しようとするのが、希望退職者制度という名のリストラであり、合併時に断行される給与体系の改定である。

長年その会社に勤めてきた社員からすれば、会社が公然と約束を破ったも同然だ。若いころは安月給に文句も言わず働いてきた人たちに対して、定期昇給の約束をなかったことにしようとしているのだ。

最も割を食っているのは、若い世代だろう。定期昇給はもはや幻であるにもかかわらず、あたかも存在するように見せかけることで、彼らを安い給料で働かせているのだ。

初任給の額は今も昔もさほど変わらないが、若い世代の場合、年齢が上がってもいまの50代の給料に到達することはないだろう。

定期昇給どころか、定期減給があると考えるほうが、よほど常識的というものである。

貧乏暇なし管理職のリアル

管理職にも、以前のようなうま味はなくなった。

管理職になれば、仕事が増え、責任も重くなる。それで給料が増えるかといえば、増えない。

むしろ、管理職になり残業代が支給されなくなれば、報酬は減ってしまう。報酬が減り、仕事と責任だけが増える管理職とは、まさに名誉職のようなものだ。

昔は、管理職というのは、うま味のあるポジションだった。

なぜなら、課長や部長にはたくさんの部下がいて、部下を管理するだけで、自分たちの給料を捻出できたからだ。つまり、部下から搾取できる構造だったのだ。

仮に部下が20人いれば、20人をマネジメントするだけで給料がもらえた。課長は課のメンバーが売り上げた利益から、部長は部のメンバーが売り上げた利益から報酬を得ることができた。経営者を頂点に管理者、平社員と下がるにつれ人数が増えるピラミッド構造では、ポジションが上がるほどうま味があったのである。

ところがいまは、若者の数が減り、社内のピラミッド構造が完全に壊れている。中間管理職にとって、部下を管理するだけで自分の給料を捻出できるほど、部下の数がいないのだ。

そのため管理職の人たちは、自分の給料分を自分で稼がなくてはならなくなった。プレイングマネージャーが増えているのは、それが理由である。

大企業に就職したがる学生たちは、冷静にこの状況を考えてみたほうがいい。

日本全体の若者人口がどんどん減っているなかで、大企業の年齢ピラミッドを維持することはもはや物理的に不可能なのだ。つまり、これから大企業に就職する人間は、稼いでくれる部下よりもはるかに数の多い上司を養っていかなくてはならない。仮に自分に部下ができたとしても、現場の仕事から離れることは許されない。それが大企業に就職する人間の宿命なのだ。

日本に生まれた私たちは、日本の高齢者を支えていかなくてはならない。それは日本人として生まれた宿命だ。そのうえ、さらに縁もゆかりもない大企業の先輩たちの生活まで支えようというのだから、日本の若者はありがたい存在である。

正直に言おう。

これから先、大企業でうま味があるのは、すでにピラミッドの上位に位置している人間だけだ。ヘッドハンティングで大企業の経営者になれるのならともかく、新入社員として入社するメリットなど、もうすでに存在しないのである。

社長は本当に仕事ができるのか？

正社員でも定期昇給は望めないし、管理職になっても給料は上がらない。

それでは、日本企業にはまったくお金がないのかといえば、そうでもない。お金はちゃんとある。

けれども、末端の社員や中間管理職の手元にはなかなか入ってこないのである。

それでは、お金はどこに消えたのか。

限られた経営トップの報酬、株主への配当、そして未来のための貯蓄に回されている。株式会社という仕組み自体が、社員のためではなく経営者と株主と会社に利益を残すためのシステムになっているのだ。

株主が経営者を雇い、経営者が社員を雇う。株主は、どれだけ自分（株主）の利益に貢献しているかで経営者を評価するため、経営者は当然、株主の利益を最優先させようとする。その結果、社員の取り分は下がりつづけるというわけだ。

株主の意向を優先する経営者の報酬もまた、べらぼうに高い。

最近は、役員報酬が億を超えることも珍しくなくなった。その牽引役といえば、日産自動車のカルロス・ゴーン社長だろう。

ゴーン社長の役員報酬は、10億円超と言われる。社員の平均年収を500万円とするなら、その200倍である。

ゴーン社長がどれだけ仕事のできる人かは知らないが、社員の200倍の報酬は妥当なのだろうか。

社長業を経験した私に言わせてもらえば、いくら仕事のできる社長といえども、社員の100倍、200倍も働けるものではない。そう考えると、社員の100倍、200倍もの報酬は、もはや妥当な域を越えて、社員からの搾取ではないかと疑ってしまう。

いやいや、ゴーン氏は想像を絶するくらいに仕事ができるのだ。

そう思うだろうか。

だが、それはただの思い込みというものである。犬がタコよりも賢い動物であると思い込んでいるように。

誤解しないでいただきたいが、私は犬が嫌いなわけではない。いや、むしろ好きだ。

だが、現実は認めなくてはならない。犬はタコよりも頭が悪いのである。

ニュージーランドの水族館にいるタコの「ランボー」は、なんと観光客を撮影してくれるカメラマンだ。水槽の前に並んだ観光客をパシャリ。次の観光客が並んだら、またパシャリ。もちろん、撮影の方法をタコに教えたのは人間である。だがその学習の速さは、人間の子どもにも勝るらしい。

ランボーだけが特別なわけではない。タコが入った水槽に好物の入ったビンを沈めると、タコはそれを食べようとする。だがフタが閉まっていて食べられない。ここまでは犬も同じである。ところがタコは、目の前で一度ビンのフタを開けて見せるだけで、そのやり方を学習してしまうのである。

タコは縄張り意識の非常に強い生物なので、同じ水槽にほかのタコを入れると喧嘩を始める。ところが水槽に鏡を入れても襲いかからない。鏡に映っているのが自分自身であるとタコは認識しているのである。それに比べてお宅の犬はどうだろう。毎朝、鏡に向かって「ウ〜」と吠えたりしていないだろうか。

よく考えてみれば、タコが犬より知能が高くても、何も驚くことはないはずだ。

犬は賢い。タコは頭が悪そう。姿形や仕草から、ただ単にそう思い込んでいるだけなのである。

では大企業の社長は本当に仕事ができるのだろうか。200倍もの収入差があるのだからできるに違いない。そう思い込んでいるだけかもしれない。

社長の年収はいくらが妥当か

経営者による搾取は空想世界ではなく、現実世界の出来事なのである。

少なくとも私はそう確信している。社長でなくなってから、社長時代の年収を超えようと躍起になったが、超えられなかった事実がそれを証明している。

だが、自分が搾取していることに気づかない経営者は多い。かくいう私もそうだった。つまり、経営者は誰も意図して搾取しているわけではないのだ。だから余計にタチが悪い。

たとえば、年収5000万円の社長がいるとする。その人は、自分の年収を「取りすぎている」とは思っていない。なぜなら、「自分1人でもその程度は稼げる」「自分にはそれだけの実力がある」と思っているからだ。

私もそう思って実験したけれど、稼げませんでした――、という話をしてもなかななか信じてもらえない。

そして、口々にこう言うのだ。

「社長は、社員ができないことをやり、社員以上に働いて会社に貢献している」

彼らが主張する「社員にできないこと」は、たとえば「会社を立ち上げる」ことや、「会社のビジョンや戦略を考える」ことである。「社員を雇うリスク」を挙げる社長もいる。経営が苦境に陥ったとき、社長は身銭を切ってでも会社を守り、社員に給料を払わなければならない。だから、社長の高額報酬は当然の権利だという主張だ。

これらを一つずつ検証してみよう。

まず、会社の立ち上げについてだ。

ゼロから事業を立ち上げ、社員を雇用し、会社を軌道に乗せる。創業期における社長の苦労や努力は並大抵ではない。それに見合う報酬を得ることについて、誰も異論はないだろう。

ただ、それ以上に搾取している社長が多いのは、「会社を大きくしたのはすべて自分の力だ」と思っているからだ。社長の貢献は紛れもない事実だろうが、社長1人の力で会社が大きくなったわけではない。一緒に働いてきた社員の力も大きい。

社長がいなければ会社は大きくならなかった。そして社員がいなくては会社は大きくならなかった。どちらも事実なのである。

次に、会社のビジョンや戦略の立案はどうだろうか。

会社が進むべきビジョンや戦略を立案し、実行することで、事業が拡大することがある。

これを特別なことのように捉えたがる人は多いが、社長が戦略を立案し、社員がそれを実行したという役割分担にすぎない。戦略を立案する人がエライわけではないし、会社の利益の何十％も搾取するほどの仕事ではないだろう。

総理大臣は、国の戦略を立案する責任者である。もし、安倍総理大臣が、「アベノミクス」の成果報酬としてＧＤＰの何割かを要求したら、誰もが「それはおかしい」と思うはず。それと同じである。

最後に、社長が負うべきリスクの問題である。

会社と社員を守るために、社長が個人資産を担保に借金しなければならない場合もあるから、社長の高給は妥当だという考え方だ。私はこの考え方がどうもしっくりこない。

私は、リスクも社員全員で分担すればいいという考えだ。会社の利益が減ったら、社長が借金して補填するのではなく、社員の給料を利益に見合った金額に減らせばいい。

その代わり、利益が出たら、その利益も社員全員で分配するのだ。リスクとリターンの両方を社員全員で担えば、社長だけが高給である理由もなくなる。

リスクを負うのは嫌だという人もいるだろう。だがそれは本来、自分が背負うべきリスクなのである。

ではそうなったとき、社長の給料はいくらが妥当なのだろうか。業種や社長の貢献度にもよるが、私の実感としては、社員の5〜6倍がいいところだろう。ずば抜けて優秀な社長でも、10倍くらいだろうか。1人で10人分働くのはかなり大変ではあるけれども。

会社員は社会人失格

会社は社会の一部だから、会社に貢献することは、間接的に社会への貢献につながる――。なんとなくそう思いがちだが、その認識は正しくない。

なぜなら、会社の利益と、社会の利益は、相反するものだからだ。

相反する利益を追求するのだから、求められる人材も当然異なってくる。会社が求める人材と、社会が求める人材は違うのだ。

会社の利益とは、ズバリ言ってしまえば、お金である。売上や利益を最大化し、1円でも多くのお金を残すこと。それが最大の目的なのだ。

一方、社会の利益とは、人々の幸せや豊かな暮らしを実現すること。社会＝「人」と考えればわかりやすい。人の役に立つことが、すなわち社会の役に立つことである。

会社の利益と社会の利益が一致することも、ないわけではない。企業が人々の暮らしに役立つ商品やサービスを提供するような場合だ。

ただ、世の中はすでにもので溢れていて、企業がこれからも利益を追いつづければ、必要のないものもつくりつづけることになる。

現に、食料は大量につくられては、捨てられている。ゴミは増えつづけ、環境への影響も無視できない。会社の利益が社会の利益に直結することは、次第に減ってきていると考えていいだろう。

それでは、会社と社会のそれぞれが求める人材について考えてみたい。

会社が求める人材とは、会社の利益を最大化してくれる人だ。会社の方針に従って効率よく働き、利益を稼ぎ出してくれる人。できるだけ安い給料で、たくさんの利益を生み出してくれる人が、会社にとって〝いい社員〟ということになる。

「この仕事は嫌だからやらない」とか、「この人とは一緒に仕事したくない」ということは許されないし、あるいは「もっとこうしたい」「この分野を深掘りしたい」といった挑戦も、利益に直結しなければ歓迎されないだろう。

会社が目指すゴールや利益目標に効率的に到達するための仕組み、そして誰でも替えが利く仕組みに、何の疑問も持たずに組み込まれてくれる人。これが、安さを売りにする会社が求める社員像である。

一方で、社会が必要とする人材とは、それとは正反対のものだ。

人の役に立ち、社会をよりよく変えていける人。そういう人は、現状に疑問を抱き、物事を批判的に捉え、問題解決のために自ら行動する人でもある。

ただし、こういう人は会社では疎まれる。職場の問題点を指摘したり、会社の方針に疑問を呈したり、上司に意見したりすることを、会社は求めていない。

会社に求められる人材になろうとすればするほど、社会に求められる人材からは遠ざかっていく。逆もまた然りである。

会社が求める人材を目指せば路頭に迷う

会社が求める人材、すなわち会社にとって都合のいい社員になっても、スキルアップは望めないし、給料も上がらない。やりがいも感じられない。将来の安定も保証されない。

会社のために真面目に働く社員が、幸せになれないのは、なんとも皮肉な話である。しかし、会社は社員の幸せのために社員を雇っているわけではないので痛くもかゆくもない。

仮に社員数を2倍に増やして、利益が1・5倍になるなら、会社はそうするだろう。ただし、社員1人当たりの利益は下がるため、社員の給料は上げようがない。会社は儲かっても、社員にメリットが還元されることは少ない。それが現実である。

もちろん、「社員は家族」をスローガンに掲げる松下幸之助のような経営者もいる。企業の利益を追求しながら、社員とその家族の生活を守ることこそ企業の使命と考える。

だが、そんな経営者を擁した松下電器（現パナソニック）でさえ、いまはリストラなしで企業を存続させることができない時代である。社員の幸せなど考える余裕は大企業にはないのである。

そのうち、人間はロボットに取って代わられるだろうと言われている。物流では自動運転車両が配達を担い、製造現場では自動生産システムがあらゆる製品を生産し、売り場では販売ロボットが接客を行うようになる。人間の仕事がロボットに奪われる日も、そう遠くはないかもしれない。

しかし、これはよく考えてみれば、おかしな話である。

ロボットは本来、人間がラクができるようにとつくられたものである。つまり、社員の代わりにロボットが仕事をし、ロボットが稼いだ利益で社員の生活は豊かになる。

これがロボット導入の本来の目的のはずだ。

だが大抵の場合、そのような未来は訪れない。ロボットが稼いだ利益は、株主や一部の経営者に独り占めされてしまうに違いないのだ。

会社に都合のよい社員は、大量生産の仕組みに組み込まれ、いずれロボットに居場所を奪われる。

そうならないためにも、会社に求められる人ではなく、社会に求められる人間を目指すべきだ。そこにこそ、本当の安定がある。

社会に求められる人間になれば、会社から「あなたは必要ない」と宣告されても、社会のどこかに必ず居場所を見つけることができる。

人にはすべて、生まれ持った役割がある。私はそれを「人生業」と呼んでいる。お金を稼ぐための職業ではなく、役割を果たすための人生業。

人生業にはさまざまな種類がある。

たとえばメンター。メンターは迷える人の相談に乗る役割だ。チャレンジャーはどう考えても困難なことにチャレンジしていく役割。クリエイターはまだ世の中にないものを生み出す役割。人の心を癒すことや、励ますことを役割とする人もいるだろう。

すべての人間には役割があるので、この世界には驚くほどたくさんの人生業が存在するのだ。だが残念なことに、自分自身の人生業に気がついている人は非常に少ない。自分の役割が何であったのか、死ぬまでわからない人もいるだろう。

仕事をサボればお金がもらえないし、上司にも怒られる。だが人生業をサボっても収入とは関係ないし、誰にも怒られたりしない。だからつい、人は自分の人生業をサボってしまうのだ。

第4章で述べるが、人生業を大事にする人のところには、同じような人が集まってくるのだ。なぜかお客さんを紹介してくれる人や、なぜか宣伝してくれる人が現れる。社会は思っているよりも、ずっと単純につながっているのである。

正社員を辞めれば収入は1・5倍に増える

正社員でなくなれば収入が減る、と多くの人は思っている。

しかし、正社員を辞めれば収入は確実に増える。

そもそも社員の固定給は低く設定されている。固定給とは、企業が儲かっても儲からなくても、一定の給料を約束するものである。儲からないときにも成り立つように、給料はできるだけ低く設定されているのだ。

ほかにも、採用コストや育成コストなど、企業にはさまざまなコストがかかる。こうしたコストを負担しているのも、実は会社ではなく社員なのである。

ウチは赤字社員ばかりだと主張する経営者もいるが、正社員というのは想像以上に会社に利益をもたらしている。でなければ会社が正社員を雇うはずがない。

自分の働きに見合う収入を得る唯一の方法は、正社員を辞めることだ。上司や株主の利益まで稼ぐ必要がなくなれば、収入は必ず増える。

ただし、固定給でなくなるため、短期的には収入が減るリスクも覚悟しなければならない。それでも生涯年収で見れば、収入は格段に増えるだろう。最低でも1・5倍くらいにはなる。

第1章で紹介した元ホテルマンの若者のように、正社員を辞めて収入が増えた人の例はいくらでもある。

もう1人、ある研修講師の例を紹介しよう。

彼は、興味のあることに没頭したい人である。会社員のころから人間の持つ潜在エネルギーに興味があり、ひたすらそのことを考えつづけていた。当然、会社では変人扱いされ、「いいから言われたことだけをやれ」と注意ばかりされていたそうだ。

彼にとって、正社員という働き方は、苦痛でしかなかった。やがて、彼は会社を辞めた。そのあとも興味あるテーマを延々と研究しつづけ、フリーランスの研修講師になった。いまでは年に100日以上の研修依頼があり、1500万円以上の年収を稼いでいる。

しかも、自分の好きなことだけをやりながら。

正社員として働いていると、それが唯一の働き方のように感じてしまう。本当は、会社を辞めるという選択肢もあるのだが、多くの人はそうは考えない。

選択肢が唯一であれば、自分にとって不利な条件や環境にも耐えなければならない。嫌な客も仕事だから我慢しなければならない、という思い込みも生まれる。これらは、選択肢が一つしかないことの弊害である。

正社員を辞めても、「あなたに仕事を頼みたい」と言ってくれる人が何人かいるだけでいい。誰かが必要だと言ってくれれば、会社に頼らなくても生きていくことができる。

中小企業の給料が、大企業の給料を超える

大企業の社員は高給取りで、中小企業の社員は安月給。これが一般的な認識だと思うが、両者の給料はいずれ逆転する。

グローバルな価格競争の弊害として、大企業で働く社員の給料は、この先さらに下がっていくことは間違いない。

ユニクロが導入した世界統一賃金制度も、その流れにある。「世界統一」と言えば聞こえはいいが、日本人社員にとっては実質的な賃下げである。

同じ会社で働くのだから、賃金も同じにしないと不公平だという理由のようだが、かといって日本人の賃金レベルに統一するわけではない。結局は、日本人社員の給料が引き下げられることは明らかだ。

こうした人件費のグローバル化は、今後も確実に増えていく。

一方、中小企業は、大企業に比べて規模が小さいからこそ、大企業とは違う戦い方ができる。規模や価格で勝負するのではなく、得意なことを磨き、ターゲットを絞り込んだ商品やサービスを生み出せば、「替えの利かない存在」になれる。

「私のため」の商品やサービスに、人はお金を払いたくなる。価格競争にもなりにくく、社員1人当たりの利益で比べれば大企業に勝つことも十分可能だ。

そうした逆転劇を予想させるような勢いのある中小企業が、少しずつではあるが、登場しはじめている。

京都の鉄工所、アルミ加工に特化したＨＩＬＬＴＯＰもその一つだ。

大企業の下請けに甘んじて経営に苦しむ町工場が多いなか、この会社では、付加価値の高い一点ものの注文が大半を占める。しかも、新規注文は5日、リピート注文は3日というスピード納品が売りだ。

こうした独自のビジネスモデルで、利益率20％を叩き出したこともある。

この会社がユニークなのは、通常は職人の手による技をデジタル化し、加工作業を完全に機械化したことにある。したがって職人はいない。その代わり、加工プログラミングを作成するプログラマーがパソコンに向かって仕事をしている。

つまり、ルーティンの加工作業はすべて機械に任せ、加工プログラミングなど機械にはできないクリエイティブな仕事に社員の時間を割いているのである。

かつては、ごく普通の「油にまみれた町工場」だったという。しかし、大量生産で利益の薄い経営、そして延々とルーティン作業をこなす働き方に疑問を感じ、社員が楽しく働ける新しい形の鉄工所へと生まれ変わったそうだ。

この会社の例は、自分たちの得意分野で独自のビジネスを構築し、独自の顧客を見つけていけば、大企業を逆転することも十分に可能だということを示唆している。

このような中小企業が、もっともっと出てくるはずだ。

「リスク」という言葉に騙されるな！

正社員こそが考えうるベストな選択だ——。

ここまで読んでもなお、もしあなたがそう思っているとしたら、それは誰かのつくったシステムに取り込まれてしまっている。

世の中には、正社員信奉によって利益を得ている人たちがいる。安い給料で働く正社員を増やし、自分たちの利益を最大化したい人たちだ。

もうおわかりかと思うが、システムをつくっている側の人間である。彼らは「正社員でなければリスクがあるぞ！」と脅すことで、いまのシステムを保ちたいのだ。

システムから搾取されず、働く人たちが自分たちの利益を守るには、正社員を辞めることが最善の方法である。

ただし、1人や2人が正社員でなくなったところで、巨大システムには大した痛手にならない。正社員として残る人が大多数を占めるうちは、搾取の構造は変わらない。

それに、正社員を辞める人が少数派のうちは、多数派の正社員から、「そんなリスクを冒すなんてバカだ」と非難されるだけだ。会社に残る人たちは、自分たちがシステムに利用されていることを薄々と感じていても、それを認めたくはないのだ。自分を正当化するためには、「リスク」という言葉はとても便利なのである。

搾取する側が最も恐れることは、大勢が一斉に正社員を辞めてしまうことだ。

あるいは「安い給料では働かないぞ」と宣言されたり、「給料がいくら高くても、嫌な仕事はやりたくない」と共同戦線を張られたりすると、従来のシステムを続けていくことが難しくなる。

外食産業では、すでにそれが起きている。牛丼や居酒屋などの業界がいい例だ。以前は、人々は少しでも安い店に好んで食べに行った。

ところが、消費者は気づいてしまった。安く食べられるのは、社員がいわゆる〝ブラックな環境〟で、安い給料で働かされていたからだと。自分たちが享受していた顧客利益は、社員に対する搾取の結果であることに気づいたのだ。

ブラック企業は全体の一部ではあるが、そういう店には客が来なくなっている。いくら安く食べられたとしても、社員を大切にしない企業のサービスは受けたくない。そういう消費者の意思表示なのである。

こうやって世の中は少しずつ変わっていく。

必ずしもチェ・ゲバラのような革命家が世界を変えていくわけではない。現場でコツコツ働く労働者一人ひとり、消費者の一人ひとりが、企業の倫理観に対して「NO」を突きつけることで変わると私は思っている。

まずは、正社員を辞めてみよう。

辞めてみればそれが幻想であったことに気がつくはずだ。公平で健全な仕事環境が、会社の外には広がっているのだから。

正社員でなければリスクだ、と信じている人は、どんなリスクがあるかを自分の頭で考えてみるとよい。生きていれば、誰にだってリスクはある。大企業に所属していたとしても、その会社が潰れないとも限らないし、リストラされないとも限らない。

あなたにとって、本当のリスクとは何だろうか。

くり返しになるが、会社が求める人材になっても、あなたの未来は決して安定しない。会社の都合のいいように消費されていくだけである。そのうち消費する価値もなくなり、ロボットに置き換えられてしまうだろう。

正社員という働き方にしがみつくほうが、よほどリスクではないだろうか。

確実に劣化していくシステムを保ち、自分たちの利益を守りたいために、「リスク」という言葉を利用する人たちがいる。そんな人たちに騙されてはいけない。

第3章

カネで買われる人生からの脱出

資本主義誕生からポスト資本主義への展望

資本主義打倒宣言!

仕事は本来、楽しいものである。

だとしたら、誰が仕事をつまらなくしたのか——。

これが、この章の問題提起である。

ズバリ言ってしまえば、犯人は「資本主義」だ。グローバル経済の根底をなすシステムであり、会社という仕組みを産み落とした張本人である。

資本主義は、世界の経済発展に貢献したが、同時に数々の弊害ももたらした。人々の暮らしを豊かにしたかのように見えて、経済的強者と弱者を生み出し、搾取の構図を決定的にした。さしずめ、「ヒツジの皮をかぶったオオカミ」といったところか。

仕事は、いつから、どのようにして、つまらなくなっていったのか。この世にお金が誕生する前から現代までの経緯を追いながら、私たちから仕事の楽しさを奪った資本主義システムの正体に迫っていきたいと思う。

そのうえで、資本主義システムに飲み込まれずに生き抜くためのヒントを提示したい。

ピケティでもないのにこんなことを言うと、戯言《ざれごと》だとか、大上段に振りかぶりすぎとか笑われそうだが覚悟のうえだ。私が確信していることを伝えていきたい。

もしも9人が無人島に流れ着いたら　アンパンマン的解釈

無人島に、1艘《そう》のゴムボートが流れ着いた。

乗っていたのは、老若男女合わせて9人のグループである。

1人の男性が、ポケットから携帯電話を取り出した。画面を見つめてひと言、「やっぱり圏外か……」とつぶやいて肩を落とした。

「でもまぁ、命が助かってよかったよ。この島には森もあるし、海もあるし、食料はなんとかなりそうじゃない？」

「そうだな。とりあえずいま必要なことは何だ？　食べ物、雨風をしのぐ仮の住まい、暖、といったところか」

「じゃぁ、僕は潜るのが得意だから、魚を獲ってくるよ」

「野草や木の実は私に任せておいて！」

「僕は火をおこすよ。いつもキャンプでやってるんだ」

「もし小腹が空いたら僕のアンパンもどうぞ」

「私は、夕食がすんだら、みんなのために歌を歌いたい。そうすれば元気が出るよね」

「あなたの美しい歌声をタダで聞けるなんて、ラッキーね。歌もいいけれど、食料を探すのも手伝ってね！」


Ｂ級映画だったら、なぜかこのあと生き残りを懸けて互いを殺し合う凄絶なサバイバルゲームがはじまるのだろうが、「アンパンマン」だったらこんなふうに和気藹々としながら助けを待つはずだ。

仕事とは本来、このような「役割」だったのではないだろうか。世の中にお金が生まれるずっと前から、人々は互いの役割を果たすことで共同生活を送ってきた。

力持ちが石を運び、手先の器用な人が細かな作業をし、料理の得意な人が料理をする。手持ち無沙汰な時間には、周りを笑わせることが得意な人が重宝されただろうし、歌のうまい人は歌を歌うことで喜ばれた。

貨幣が存在しない世界では、いまのように仕事の報酬としてお金が支払われるわけではない。自分が得意なことで人の役に立つ代わりに、不得意なことをほかの誰かにやってもらうという、「得意と得意の交換」が仕事のはじまりだった。

子どものころ、友達と宿題を分け合った記憶はないだろうか。

「僕が得意の算数の宿題をやるから、君は好きな理科の宿題をやって」

得意と得意の交換が仕事とするなら、私たちはこのときすでに、仕事の原体験を経験していたことになる。

お金が犯した罪

欲しいものを手に入れるのも、交換からはじまった。

世の中にまだお金がなかった時代、人々は一対一の物々交換によって欲しいものを手に入れていた。米を肉と交換したり、肉を魚と交換したりしていたのである。

やがて、交換の道具として「お金」が登場した。

物々交換では、互いに相手の欲しがるものを持っていなければ交換が成立しなかったが、お金を介在させることで、取引がしやすくなった。

また、お金は肉や魚と違って、腐らない。いつまでも蓄えておける。

そのためお金さえあれば、時を選ばず、欲しいものが欲しいときに手に入るようになった。これはお金の功績である。

お金は同時に、矛盾も生み出した。

お金は本来、肉や魚を手に入れるための道具だったはずだが、人々は肉や魚よりも、蓄えられるという性質から、お金そのものが価値を持つようになった。よって、お金を大事にする人が増えたのだ。

お金そのものが価値を持つようになると、お金を基準に世の中の価値がはかられるようになっていく。本当に価値あるものは何かが見えにくくなった。

これが、お金が犯した「罪」である。

お金がお金を稼ぐという珍現象

お金をありがたがる人が増えると、さらに不思議な現象が生まれた。

お金に「金利」がつくようになったのだ。お金を貸せば、金利がついて戻ってくる。いわゆる「お金がお金を稼いでくれる」というやつである。

ものを売る対価としてお金を手に入れるのなら、まだわかる。

しかし、実質的な価値を何一つ生み出さずとも、お金が増えるのは、珍現象としか言いようがない。

金利のうま味を最も享受しているのが、資産家だ。

資産家は、「資産を働かせる」という芸当で、ますます資産を増やし、貧乏人との差を広げるばかりだ。

さらに、「資産に働かせるのが賢い人で、額に汗かいて働くのは頭の悪い人」という空気も醸成されつつある。

しかし、誰かが橋を造り、ビルを建設し、生活に必要なものや食物をつくらなければ、この世の中は成り立たない。私たちは、実体のあるもので空腹を満たし、暖を取っている。そうした実体経済は、現場で働く人によって成り立っていることを忘れてはいけないだろう。

近頃の先進国では金利が限りなくゼロに近づき、金融機関に預けてもお金は増えない状態が続いている。

お金を預ければ、むしろ預かり金を取られてお金が減ってしまうという。そちらのほうが、よほどマトモな状態ではないだろうか。

感謝するならカネをくれ！ 仕事がお金を稼ぐ手段になる

お金の誕生は、「役割」としての仕事の性質も大きく変えた。

お金が生まれる前は、感謝の気持ちが仕事への報酬だった。

無人島に流れ着いた人たちの話を思い出してほしい。無人島で生きていくために、海に潜って魚を獲る人、森で野草や木の実を採る人、火をおこす人、歌を歌ってみんなを楽しませる人……。どの役割も「誰かの役に立つ」という点で、等しく尊いものである。

しかし、やがてお金が誕生すると、物々交換にお金が介在したように、仕事にもお金が介在するようになった。仕事の報酬としてお金が支払われ、感謝の気持ちに取って代わるようになったのだ。

すると、人々の価値観にも変化が表れる。仕事をして感謝されて終わるよりも、報酬としてお金をもらったほうが得だと考えるようになったのだ。

また、ものに値段がついたように、仕事にも値段がついた。お金になる仕事が好まれるようになり、稼ぐために嫌な仕事も我慢して引き受けるようになる。

お金になるものが仕事で、お金にならないものは仕事ではない、という認識も生まれてきた。

こうして、仕事は「お金を稼ぐための手段」へと変貌していったのである。

もはや、得意と得意の交換ではなくなった。

仕事は、どんどんつまらなくなっていった。

社会の発展よりも株主や経営者の儲け　会社と資本主義のはじまり

世界で最初の株式会社は、1602年に設立されたオランダ東インド会社だといわれている。これはヨーロッパとアジア地域の貿易活動に従事する会社だった。

会社は、個人の力では成しえない大きな仕事を、組織の力で実現するために誕生した。事業を立ち上げるための初期費用（工場、設備や人件費など）を資本家が出資し、経営者が会社を運営、出資者のリスクに応じて利益を還元するという仕組みだ。

この仕組みは、たとえば橋や道路の建設、貿易、製造など大きな仕事を成し遂げるうえで功を奏し、社会の発展に大きく貢献した。

ところが、途中から風向きがおかしくなる。社会の発展のためという大義名分よりも、「出資者（資本家）の利益を増やす」ことが優先されるようになっていくのである。

世の中に役立つことを為すために事業を興すのではなく、会社（株主や経営者）に利益を生むために事業を興す経営者も現れた。つまり、「何をすれば社会に貢献できるか」ではなく、「どんな事業をやれば儲かるか」という発想だ。

そうして、事業を推進するための手足として、社員が雇われるようになった。

利益を最優先にすると仕事がつまらなくなる理由

いまは、どの会社も利益を最優先に考えている。

そのため、会社は利益を社員に分配せずに、できるだけ多く会社に残そうとする。

こう言うと、「利益を会社に残すのは、研究開発や設備投資、不景気でも雇用を守るための蓄えとして必要なことだ」と会社側を弁護する意見が必ず出る。

確かに、設備投資や研究開発は会社の未来のために必要だ。だが、雇用を守るために利益を残すという理由は、いささか信憑性に欠ける。

なぜなら、実際に業績が悪くなれば、あっという間にリストラが敢行されるのが世の常であるからだ。雇用を守りつづけるための資金利用など、株主や金融機関が許すはずがない。

結局のところ、資本主義とは、システムの管理側の利益を最大化する仕組みなのである。お金がさらに増えるように、お金をループさせて増やしていくという巨大システム。それが金融を軸とした資本主義なのだ。

利益を会社に残すことが目的になると、仕事はますますつまらなくなっていく。

大きな利益を追求する会社は、効率的に大量生産できる大きなシステムを構築し、社員はそのなかで、できるだけ効率よく働くことが求められる。会社は、「○○の仕事を月給○円」で募集し、社員をその役割に当てはめていく。

その結果、自分がやりたいことではなく、会社が一方的に決めた役割を果たさねばならなくなった。

たとえば、ここにハムが好きな人がいたとしよう。素材や製法にこだわったおいしいハムをつくりたいと思って、ハム工場で働きはじめた。

ところが、利益重視の会社では、そのようなことは求められていない。大量生産の工場ラインでは、毎日、決められた作業を効率よく着実にこなすことが、その人に与えられた仕事ということになる。

人と話すことが苦手な人に営業担当を命じたり、計算の苦手な人に伝票作業を任せたりすることが、会社ではまかり通っている。組織の役割に人を当てはめていこうとすれば、こうしたミスマッチは日常茶飯事のように起きる。

いつの間にか、会社に指示された役割をこなすことが仕事になってしまったのだ。

社員はいつでも替えが利く歯車に　利益至上主義の発生

商品やサービスを、できるだけ早く安く提供するために、どの会社も製造コストや物流コスト、販売コストなどのコスト削減に取り組んでいる。

無駄を削減することは悪いことではない。しかし、どこからが無駄で、どこからは無駄ではないと考えるのか。この線引きがまさしく会社と社員の利益が相反する境界であり、経営者の人間性が垣間見えるポイントなのである。

会社にとって最大のコストは、人件費である。社員の人件費も含めて、コストダウンしたいと考えている経営者は意外と多い。その方策を、当の本人である社員に考えさせ、実行させようとしているのだからひどい話だ。

社員からすれば、自分たちの給料を上げるために、そのほかのコスト削減に取り組むのならやりがいもある。だが、自分たちのことを「コスト」だと捉え、自分たちのコストダウンを考える仕事など、楽しいわけがない。

典型的な例が、物流会社である。

たとえば、アマゾンは配送料無料を売りにサービスを拡大してきたが、あれこそ人件費のコストカットにほかならない。

荷物は人の手によって運ばれているため、配送には人件費がかかっている。そのコストを極限まで削減しようとするから、物流会社で働く人の給料がどんどん下がっていくのである。


ものづくりの現場でも、行きすぎたコストダウンが、仕事をつまらなくしている。ファストフードの代表格であるマクドナルドのハンバーガー。はじめて登場したころは、効率を追求するよりも、おいしいハンバーガーにこだわりがあったはずだ。だからこそ、世界中の人々に愛されるバーガーショップになったのだ。

それがいまは、カロリーを摂取するための手段になってしまった。効率を追求し、価格競争力を高めようとすれば、同じものを同じフォーマットで大量につくらなくてはならなくなる。商品の特徴が失われてしまうのは仕方がない。

商品の価値とは何かを考えてみると、必要な機能が備わっていればいいというものではない。自分たちにしかつくれないもの、譲れないこだわりを追求するなかで、生まれてくるものである。こだわりとオリジナリティこそが、人を引き付ける商品の魅力になる。

また、ほかにはない商品やサービスを生み出すところにこそ、ものづくりの面白さはある。

それらをすべて無駄として排除してしまえば、仕事はまったくつまらないものになってしまう。

すでに役割を終えた会社が生きながらえている愚かな理由

資本主義が長く続き、利益を最優先する会社のあり方に、疑いの目を向ける人がいなくなってしまった。この会社の商品は人々の役に立っているのか、この会社に存在価値はあるのか。会社本来の目的に立ち戻りにくくなっている。

その結果、すでに役割を終えた会社を、生きながらえさせてしまうことがある。

ある有名な食品メーカーの話である。

この会社が創業したのは、昭和初期。日本ではまだ洋菓子を食べる習慣がなく、日本の家庭でも安心して食べられるおいしい洋菓子を提供するため誕生した。

やがて、日本でも洋菓子が普及し、そのミッションは達成された。

さらに時代は進み、安心して食べられるだけのお菓子に消費者は満足しなくなる。ヨーロッパ仕込みのパティシエがつくるおしゃれなスイーツがもてはやされるようになったのだ。この時点で、この会社の役割は終わったといえる。

それでも、会社が存在し、社員を抱えている限り、利益を出さなければならない。この会社は利益を追求するあまり、適切な食品衛生管理を怠り、消費期限切れの食材を使用するという愚を犯したのだ。利益のために、自ら創業の志に泥を塗ったのは、なんとも皮肉な話である。

会社は、ただ存続すればいいというものではない。

種が滅びて新しい種が誕生するように、役割を終えた会社は、市場から退場するのが道理である。あるいは、時代が求める新たな役割を見つけ、新たに再出発すべきだろう。

社員が路頭に迷うから倒産できないというが、社員には別の会社に移るという選択肢がある。企業が寿命を迎えれば、次にまた新しい企業が誕生するものである。

会社の目的を見失い、利益優先が行き過ぎると、市場から退場すべき企業がズルズルと留まることになる。それは、社会にとって正しいことではない。

資本家は恐怖をお金に換えた

資本主義とは何なのか、改めて考えてみる。

お金がオールマイティな価値を持ちはじめ、お金のために働く人が増えると、お金が人を動かすための道具になった。お金によって人を動かし、さらに大きなお金を生み出していった。

つまり、資本主義の本質は、「お金が人を動かす社会」であるというのが私の考えだ。

その昔、権力者たちは、恐怖という力で人々を動かした。

万里の長城やピラミッドのような、巨大な建築物を築くことができたのはなぜか。

労働者全員に、報酬を払ったわけではあるまい。そんなことをすれば即、破産である。

昔の権力者たちが用いたのは、「恐怖」というムチだったに違いない。

「命令に背く者は、首をはねるぞ！」

脅して、恐怖を与えて、人を動かす。

そんな暴挙がまかり通る時代でもあったのだ。

現代の資本家がやっていることは、形は違えど、昔の権力者と本質は変わらない。

貧乏人同盟

ただし、資本家が操るのは恐怖ではなく、「お金」だ。

「この仕事をやってくれたら、これだけ報酬をあげるよ」

恐怖のムチに比べれば、かなり人間らしい扱いではある。

しかし結局は、恐怖で人を動かすのも、お金で人を動かすのも、強者が弱者を動かすという構図は変わらない。そして皮肉なことに、弱者は自分がお金で動かされていることに気づいていないのだ。

「あのバッグを買いたい」

「ハワイに旅行に行きたい」

彼らの頭にあるのは、そんなささやかな欲望だったりする。自分が他人にコントロールされているとはつゆほども疑わず、今日も身を粉にして働きつづけるのだ。

人々を動かして利益を上げるために、資本家たちがつくり上げたシステム。それが会社なのである。

では、どうすればこのシステムから抜け出すことができるだろうか。

資産家に対抗するには、誰も彼らのために働かなければいいのだ。

つまり、貧乏人がみんなで集まって、

「どんなに金を積まれても、嫌いな人の仕事は絶対にやらないぞ！」

と同盟を組むのだ。そして、「この人は性格悪すぎ」という資産家の仕事をボイコットしよう！

バカバカしい想像とあなたは思うかもしれない。

しかし、社員がみんな会社を辞めたらどうなるか。

会社は利益を出せず、資産家は金儲けができなくなる。

大豪邸で働く使用人も辞めてしまったら？

日々の暮らしが滞るのは間違いない。大きな家を自分で掃除しなければならないし、何台もある車も自分で磨かなければならない。資産家の生活というのは、たくさんの人に手伝ってもらわないと成り立たないのである。

だが残念ながら、この同盟が成功することはない。

ボイコットの歩調を合わせなければ効果がないのに、「私がその仕事をやります！」

とちゃっかり抜け駆けする輩《やから》が出てくるからだ。

賢い資産家は、そんなこともお見通しなのである。

こうなったら、今世紀最大にして最強の作戦を実行するしかない。

名づけて、「お金の価値を暴落させる大作戦」だ。

具体的にはどうするか。

簡単なことだ。お金のために働くのを止めることだ。

もっと収入を増やしたいとか、お金持ちになりたいとか、そんな願いはバカバカしい。生きていくのに十分なお金さえあればいいじゃないか。みんながお金を欲しがらなければ、お金の価値は下がり、誰もお金で動かされなくなる。

資産家はお金で人を動かせなくなり、資産家である意味を失う。これは彼らが最も恐れていることだ。

お金の価値が暴落すれば、資本主義社会は終わりを告げる。

もう一度言おう。

お金のために働くことを止めよう。そして自分の好きなことや得意なことを仕事にし、好きな人と一緒に仕事を楽しむのだ。

「仕事」をもう一度、自分たちの手に取り戻そうではないか。

第 4 章

仕事とはそもそも遊びである

目の前に迫る働き方のパラダイムシフト

人生を楽しむために仕事がある

好きなことを仕事にし、仕事の楽しさを取り戻すにはどうすればいいのか。

これがこの章のテーマである。

本書では「仕事は本来、楽しいものである」とくり返し述べてきたが、私がそう確信するのは、それが人間の本能に適っているからである。

人間とそのほかの生き物を比べてみると、そのことがよくわかる。

人間以外の動物は、純粋に生きることだけを追求している。それに比べて人間は、邪道にも楽しむことを追い求めている。

おいしさを求めて調理し、ファッションのために着飾り、地球の裏側まで観光に行く。

どう考えても、それは生きるためではなく楽しむためだ。

にもかかわらず、働く理由を尋ねると「生きるため」と答えるのだから、人間とはおかしなものである。

人間を人間たらしめているものは、「自我」と「生き甲斐」である。

地球上に存在する全生物のなかで、自我に目覚めた人間だけが、「自分」という存在を客観視することができ、楽しみや生き甲斐を求めるのである。

人間には、「この瞬間を大切に生きたい」「人生を楽しみたい」という本能的欲求がある。

そして、人生を楽しむために、「仕事」があるのだと私は思う。

まずは、ほかの生き物には見られない、人間独自の本能的欲求に迫ることで、「仕事に楽しみを見出すのが人間である」ことを示していきたい。

さらに、仕事を楽しむために必要な考え方や、「好き」を仕事にするためのステップを提示していく。

動物はなぜ寝ているだけで生きていけるのか

ワイキューブの社長ではなくなって、社長業の忙しさから解放されたある日、ふと、ある疑問が頭に浮かんだ。

昼過ぎのことだった。ポカポカ陽気のもと、街路樹の植え込みに犬が気持ちよさそうに昼寝をしている。

――なぜ、動物は寝ているだけで生きていけるのだろう。

エサを与えてくれる飼い主がいる犬や猫はともかくとして、それ以外の動物ががんばって生きている姿を見たことがない。好きな時間に起きて、好きな時間に寝る。それだけで生きていけるのがとても不思議に思えた。

それに対して人間は、朝から夜遅くまであくせく働き、会社での嫌なことにも耐え、それでもなお将来に不安を感じながら生きている。

日本は世界的に見ても豊かな国である。衣食住は満たされ、欲しいものはほとんど手に入る。それにもかかわらず、未来への不安はなくならないのだ。

寝そべる犬を見て、うらやましいと感じたのは、そのときがはじめてだった。

そこで気づいたことがあった。

動物は何のために生きているか、ということである。

私なりの答えを述べると、動物は生きるために生きている。つまり、生きることが目的なのだ。

生きるために必要だからエサを食べ、生きるために必要だから縄張りを広げる。生きるために必要だから、エサがなくなればエサのある場所に移動する。

しかし、それ以外のことは一切やらない。生きるために必要のない、無駄な動きはしないのだ。

だから、動物はがんばらなくても、寝ているだけで生きていけるのではないだろうか。

食べてはいけないものを食べるのが料理

人間は、生きるために必要のないことばかりやっている。

たとえば、料理。料理とは、生では食べられない食材を、煮たり焼いたりして、食べられるようにすることである。そのままではおいしく感じない食べ物を、調味料で味付けしておいしくする。人間は、本来食べられないものを食べるために、わざわざ料理するのである。

一方、動物は料理など絶対にしない。そのままで食べられるものだけを食べる。食べても平気かどうかは、誰に教わらなくても本能でわかる。「食べられないものは、食べない」というシンプルなルールで生きているのが動物なのだ。

人間はまた、自分の住む場所の周辺に留まらず、地球の裏側にまで足を延ばす。地球の裏側にある建物を見るために、あるいはその建物に飾ってある絵を見るためだけに、何万キロも移動する。

それだけではない。人間はその非常識なほど長い距離を、非常識なほど速く移動するために、自動車や新幹線、飛行機といった乗り物までつくってしまったのだ。

これらは、生きるためにはまったく必要のない行為である。人間以外の動物は、このようなバカバカしいことを絶対にやらない。彼らは生きる目的以外でほかの動物のテリトリーを侵し、自分のテリトリーを広げるようなことはしない。

１００メートル走やマラソンに人生をかけるのも、人間だけである。ただ生きることを考えたら、１００メートルを誰よりも速く走ったり、42・１９５キロもの長距離を走りつづけることに、何の意味があるだろうか。

一方で、動物は生きるために必要なときしか走らない。獲物を追いかけたり、敵から逃げたりするときに、全速力で走るのである。

生きるために必要のない人間の行動は、挙げればきりがない。

まっすぐな髪にパーマをかけて曲げたかと思えば、今度は曲がった髪にパーマをかけてまっすぐにする。防寒具であるはずの服に穴を開け、「これがおしゃれだ」と主張する。

人間は、行かなくてもいい場所に行き、やらなくてもいいことまでやっている。だから、お金がたくさん必要になる。

朝から晩まであくせく働いても、現状維持できるかどうかわからない。将来が不安で先行きが見えない状況を、自らの手でつくり出しているのである。

仕事は人間が生み出した最高の遊び

生きるために必要のないことばかりやっている人間は、自然の法則に逆らって生きていることになる。

その意味で、人間はとても「不真面目な動物」である。

もし、この世に神様がいて、地球上の生き物に「喧嘩せずに仲良く生きていきたまえ」とおっしゃったとしたら、人間はその神の教えに逆らって生きる不届き者である。なにしろ人間は、自分の居場所にじっと留まることを知らず、地球の裏側どころか、宇宙の果てまでも目指そうとする。結果的にほかの人間や動物のテリトリーに侵入し、数えきれないほどの軋轢《あつれき》を生み出してきたのだ。

では、なぜ人間は、生きるために必要のないことばかりやるのだろうか。

先ほど、100メートルを誰よりも速く走ったり、マラソンなどのように長距離を走ることに何の意味があるのかと書いた。ただ生きることだけを考えたら、そこには何の意味もないだろう。

しかし、そこに意味を見出してしまうのが、人間なのである。人間は、ただ息をして、「死んでいない」というだけの生には満足できない生き物なのだ。

髪をアートにするのも、服に穴を開けるのも、食べ物に味付けしてきれいな器に盛り付けるのも、不真面目な人間が生み出した「遊び」である。人間はそこに「楽しみ」や「生き甲斐」を見出してきた。

楽しむために食事をする。楽しむために服を着る。楽しむために、地球の裏側にまで出かけていく。すべて人生を楽しむためにやっていることなのだ。

私たちは人間である限り、生きるために必要のないことをやりつづける。これが「人間らしく生きる」ということなのかもしれない。

そう考えると、仕事こそ、生き物にとって最大の不真面目ということになるだろう。生きるためにあくせく働いている動物など、ついぞ見たことがない。

お金、経済、株式会社、肩書き、名誉。

人間がつくり出した壮大な仮想ゲームのなかで、ハラハラドキドキ楽しむために仕事をする。それこそが人間が生み出した最高の遊びといえるのではないだろうか。私たち人間にとって、仕事とは本来、人生を楽しむための最高の遊びなのである。

仕事は、楽しまなければ人生にとって意味がない。我慢しながら嫌々やる仕事は、何かが間違っているということだ。

「好きでたまらないこと」を仕事にできる時代が来た！

カブトムシを本業にしている人の話を、ある友人が教えてくれた。

カブトムシに関する仕事といえば、大量に飼育して売るブリーダーか、世界中からいろんなカブトムシを集めてきて販売するバイヤーなどが思い浮かぶ。

しかし、彼の場合はそのどちらでもない。彼は、カブトムシの育て方をネット上で教え、それで生計を立てているというのである。

彼自身、カブトムシを育てるのが好きなのである。それも普通の「好き」ではなく、「好きで好きでたまらない」という好きさ加減だ。

カブトムシを大きく、美しく、かっこよく育てるために、ありとあらゆる努力をする。エサは何がいいのか、どのような土がいいのか、温度は、湿度は、明るさは、ケージの広さは……。そういう研究を、気の遠くなるくらい重ねてきたのだと思う。

研究成果をネットで公開するうちに、フォロワーが増えていったそうだ。

世の中には、「カブトムシを育てることが好き」という人が想像以上にいるらしく、彼はマニアにとってのカリスマ的存在なのだ。

いまでは、その仕事だけで1000万円以上の年収を得ているらしい。

また、こんな人もいると聞いた。ウルトラセブンのフィギュアをつくるのが好きで、それを生き甲斐にしているという人の話だ。

フィギュア好きはたくさんいるが、彼の場合は、ウルトラセブンしかつくらない。

しかも、全長70センチほどの大きさの、同じ形の、同じウルトラセブンだけを、ひたすらつくりつづけるというのだ。

そうするうちに、家のなかはウルトラセブンで埋め尽くされていく。部屋がどんどん狭くなる。奥さんには大不評。処分を言い渡されたのも仕方のない話である。

精魂込めてつくったフィギュアを捨てるわけにもいかず、ウルトラセブン好きの愛好家に譲ることにした。ＳＮＳで発信したところ、希望者が現れた。

いくら趣味とはいえ、何年も同じフィギュアだけをつくりつづけてきた。その完成度たるや、マニアを唸らせるには十分であった。

評判が評判を呼び、フィギュアはどんどん売れていく。いまでは予約をしないと手に入らない人気商品になっているそうだ。

いまのところ、彼にとっては小遣い稼ぎの範囲だそうだが、工夫次第では本業にもできそうである。

この２人にとっては、まさに遊びが仕事である。

１００人の村人しかいない世界だったら、それだけで生計を立てることは難しいかもしれない。しかし、１万人くらいの集団なら、彼らの特殊な才能を認め、喜んでくれる人が現れる。

集団の母数が増えれば増えるほど、生きることだけを考えたら余計と思われること
にも、価値が生まれてくる。特殊な得意領域が仕事になる時代なのだ。
いまはインターネットで世界とつながることができるので、あらゆることが仕事に
なり得る。会社で嫌な仕事を我慢しなくても、自分の好きなことを仕事にすることも
可能なのだ。
私たちはいま、会社という縛りから解放される一歩手前に来ている。
好きなこと、得意なことで、誰かに喜んでもらう。それで生活していけるのなら、
これほど素敵な生き方はないのではないか。

1年間財布を持たずに生き抜いたフランス人女性

以上のような話をすると、「いや、そうは言っても……」と必ず反論が起きる。
いや、そうは言っても、好きなことを仕事にできるのは、「好き」を「一芸」にま
で磨き上げたごく一部の人だけだろう。凡人の「得意」などたかが知れているし、そ
れだけで生活できるはずないじゃないか。

それこそが、思い込みである。

「仕事＝すぐにお金になる」という図式が、完全に刷り込まれている。世の中にお金などない時代から、人は仕事をし、立派に生活してきたのだ。

自分の「得意」が誰かの役に立てば、その見返りは必ずある。報酬はお金とは限らない。たとえば、友達の相談に乗ってあげたとする。友達はそのお礼に、食事をご馳走してくれるかもしれない。歌の上手な人なら、歌を1曲プレゼントしてくれるかもしれない。荷物の多い日は、駅まで迎えに来てくれるかもしれない。

そんなものでは、生きてはいけないと思うだろうか。

実際、お金を使わない生活に挑戦し、1年間を過ごしたというフランス人女性がいる。この女性は、1年間は財布を持たないと決意し、それで生きていけるかどうか実験してみたそうだ。自分ができることで人々の役に立ち、返礼としてお金以外の何かをもらう、あるいは何かをしてもらうことで、生活に必要なものを手に入れた。

ここで、家賃や電気・水道代はどうしたのか、という疑問が湧くだろう。

それも、何とかなったそうである。

大家さんに対しては家賃分の役に立ち、電気・水道会社に対しては、地域のボランティア活動に従事する代わりに、いくばくかのものを分けてもらったのだそうだ。

お金を使わない生活ができたのは、彼女が人々とお金ではなく「役割」でつながることを考えたからだ。

私も会社が倒産してお金がなかったとき、経営者仲間や知り合いの人たちがしょっちゅう食事をご馳走してくれた。

ご馳走してもらうばかりでは申し訳ないので、私は自分の得意なことで返そうと考えた。

私の得意なことといえば、考えることである。

その人が経営する会社のために新商品を考えたり、新しい販売方法を考えたり、組織の相談に乗ったりした。頼まれてもいないのに、暇があれば勝手に考えて、アイデアをプレゼントした。

生きていくためにはお金が必要だというが、その限りではない。

周りの人たちと役割でつながることができれば、快適に生きていくことができる。

これは私自身の実感だ。

むしろ、役割でつながるほうが、お金でつながるよりも幸せを感じることができる。

持ちつ持たれつの関係で、互いを身近に感じながら暮らしていくのも悪くないものだ。

あえてカネにならない仕事を2割はやろう

お金にならない仕事をしよう――、といっても、サービス残業を推奨しているのではない。

お金にならない仕事とは、たとえば引っ越しの手伝いや、友達の悩みの相談に乗ることだったり、あるいは十分な報酬を払えない人からの仕事の依頼も断らないことだ。誰かに必要とされ、その人の役に立つ。そのためなら、お金にならない仕事も引き受けるべきだと私は思っている。

私は、仕事のうちの2割は、お金にならないこともやるようにしている。

私のもとには、ビジネスの相談や、会社の役員や顧問を頼みにやってくる人が多いが、なかにはお金に余裕のない人からの依頼もある。

そのようなときは、報酬をもらわずに応じることにしている。つまり、タダで相談に乗る。タダで企画を考える。タダでアイデアをプレゼントする。

ワイキューブの社長だったころには、考えられなかったことだ。社員を抱える立場として、社長はもっとお金になる仕事をするべきだと思っていた。

お金になるのが仕事で、そうでなければ仕事ではない——。

以前は私もそう思っていたが、その考え方は間違っているとはっきりと言える。稼げる仕事も、稼げない仕事も、「役割」と考えればどちらも仕事に変わりはないのである。

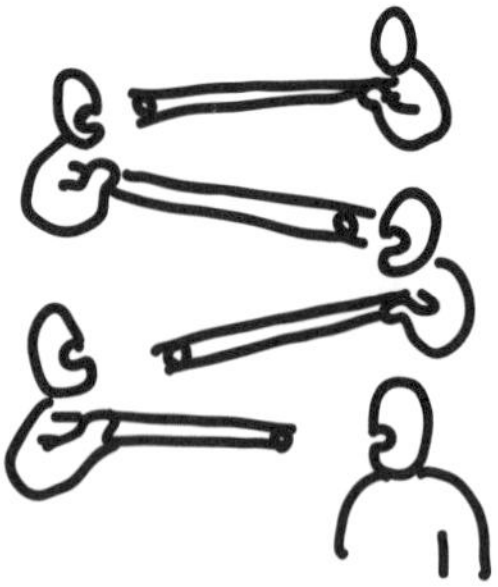

お金にならない仕事も引き受けるようになって、気づいたことがある。

全体の3割くらいは無報酬だが、7割ほどは収入になるのだ。

たとえば、「講演料は払えないけれど……」という相手の講演も引き受ける。すると、そのときはタダ働きだが、あとで有料の講演の仕事を紹介されることもあれば、当社の商品の販売代理店を担ってくれることもある。

また、不思議なことに、直接関わりのなかった会社や人から、仕事が舞い込むこともある。それが、ただの偶然とは思えないのだ。

どういうことかというと、自分にできる役割を果たしていると、同じように役割を果たす人が自分の周りに現れて仕事が生まれていく。社会というのはうまい具合につながっているのだなあ、と思わずにはいられない。

もちろん、すぐにはお金にならないかもしれないし、仕事の報酬がお金とは限らない。しかし、自分の得意なことで誰かの役に立てば、役割を介したつながりが広がっていく。つまり、あなたを必要とする人が増える。結果的に、収入が増えていくのである。

反対に、お金になる仕事だけを選んでいると、得意なことで役に立てる機会を切り捨てることになる。あなたの役割は増えていかないし、収入も増えないということだ。


ある社長さんから、こんな話を聞いたことがある。

天国と地獄は同じ形をしていて、大きなすり鉢状だという。人間はすり鉢の淵にいて、底にある食べ物を、長い箸を使って食べている。

地獄では、誰もが、自分で取った食べ物を自分で食べようとする。しかし、箸が長すぎて食べられず、みんなが腹を空かせている。

一方、天国では、自分で取った食べ物を、まずほかの誰かに食べさせようとする。長い箸は遠くの人にも届くので、みんなが満腹だという話だ。

私たちの社会も、きっとそのようにできているのだと思う。

あなたが誰かにパンをあげれば、誰かがあなたに野菜や肉を届けてくれる。あなたが誰かの役に立てば、誰かがあなたのために何かをしてくれる。

お金をもらうから仕事をするのではなく、お金にならなくても、まず自分から誰かの役に立つ。そういう働き方が、先進国では主流になっていくだろう。

私たち日本人には、本来そういう生き方が合っているのだ。

「人と話すのが好きなので、営業をやりたい」の愚

好きなことをどうやって仕事にしていくのか、具体的に見ていこう。

「好き」を仕事にするのは人生を楽しむために不可欠だが、もう一つ、仕事は「好き」を入口にするとよい理由がある。

それは「好きなことは続けられる」ということだ。続けるうちに、技術が磨かれていき、「得意」へと変わることがよくある。

反対に、「嫌い」なものは「好き」にはなりにくい。

考えてみてほしい。じっと座っていることが嫌いな人に、デスクワークを強制していたら、デスクワークが好きになった、ということがあるだろうか。嫌いなものは続

けられないし、得意になることもない。

ただし、「不得意」が「得意」になることはある。不得意でも「好き」であれば、やりつづけるうちに得意に変わるかもしれない。

「得意」にたどり着くカギは、やはり「好き」にあるのである。

そこで、自分の好きなことを自覚する必要がある。

あなたは何が好きで、何が嫌いなのか。それくらい知ってるよ、と思うかもしれないが、自分のことをよくわかっていない人は意外に多い。

たとえば、「人と話すのが好きなので、営業をやりたい」と話す人がいる。これは就活の志望動機でもよく見られる。

こういうのを見ると、「わかってないな」と思ってしまう。

第一に、「人と話すことが好き」とは、具体的にどういうことなのか。

単にお喋りが好きな人もいれば、悩みを聞いて解決してあげることが好きだという人もいるだろう。自分のことを話したがる単なるお喋り好きは、営業に向かないことも多い。

第二に、人と話すだけが、営業の仕事ではない。

「営業」とひと言で言っても、商品の特徴や使い方を説明する仕事もあれば、商品を客先に届ける仕事もある。営業というざっくりとした仕事があるわけではないのだ。もし、売っている商品に力があり、誰が担当しても売れるなら、商品説明のうまくない営業マンでも十分に務まるわけだ。むしろ、受注から配送までの作業を、迅速かつ正確に遂行できる人が必要となるだろう。

「人と話すことが好き」「営業が好き」のように、物事を表面的にしか捉えない人は、自分のことを把握できていない場合が多い。

自分がそれを好きな理由は何なのか、自分はどの領域で他人以上の能力を発揮するのか。これらを掘り下げて考えてはじめて、自分が提供できる価値は何なのか、自分はどういうことで人の役に立てるのかを探り当てることができる。

妄想力で苦手を克服できる

嫌いなことや、不得意なことも同じである。

「これは嫌い」とか「これは苦手」と大雑把に捉えずに、なぜ嫌いなのか、どの部分が不得意なのかを丁寧に探っていくことで、苦手を得意にひっくり返すヒントが見つかることがある。

私自身の話をすると、私は人前で話すことが苦手で、講演の仕事もはじめは気が重かった。

なぜ苦手なのかを考えてみると、声が小さい、緊張する、人に見られるのが苦手、といった理由だったと思う。正直いうと、いまでもそれは変わっていない。

ただ、講演という仕事には楽しさも感じていた。

私は、「自分の考えや社会への疑問を発信したい」という欲求が強いのだと思う。インターネットがなかった時代、講演は自分の主張を大勢に向けて発信できる貴重な場所だった。

では、どうやって苦手意識を克服したのか。

まず、声が小さいことについては、マイクの音量を上げることで解決できた。実際には私よりも小声でヒソヒソとささやくように話す講師もいる。しかも、結構有名な人気講師だ。

次に、緊張感だが、いまでも緊張するとはいえ、これもかなり解消された。

「人が多ければ多いほど緊張する」と思っていたが、この前提が間違いだったのだ。いちばん緊張するのは5～10人のとき。一人ひとりの表情が見えるうえに、相手の緊張感まで感じ取ってしまう。これが30人、60人と増えていき、100人を超えると緊張感が薄まってくる。

さらに、人に見られることの苦手意識を克服するために、私は最前列の位置を後ろに下げることにした。元々視力が悪いので、ちょっと離れてしまえば相手の表情など見えなくなる。一人ひとりが小さく感じられれば、「見られている」という意識も薄れるのである。

苦手意識を一つずつ克服しているうちに、講演は苦手な仕事ではなくなった。いまでは最も好きな仕事の一つである。

人は自分のことを、わかっているようで、よくわかっていない。自分はどんな人間なのか。何が好きで、何が嫌いなのか。それはどうしてなのか。何が得意で、何が不得意なのか。それはどうしてか。

自分を正しく把握するには、色眼鏡で見ないことが大切だ。常識、経験、過去もとりあえず忘れる。自分の好きなことや、やりたいことだけを妄想し、その妄想をとことん膨らませる。

押さえきれないくらいの妄想が広がれば、たとえ苦手意識があっても、どのようにでも克服できるのである。

「得意」を仕事に生かすカギは創造力

好きなことを続けると、それが「得意」へと変わっていく。ところが、この得意を仕事に生かしきれない人が多い。それは、すでにある職業や会社から仕事を探そうとするからである。

たとえば、ゲームが好きな人が、ゲーム会社に就職しようと考える。これはいささか短絡的に過ぎる。

「好き」にもいろいろあることは、すでに述べたとおりだ。

何時間でもゲームに没頭できる持続力が持ち味なのか、あるいは、誰も気づかない裏技を見つけるのが得意なのか。何を得意とするかによって、得意を生かす仕事も異なってくる。

ここで注意したいことは、あなたの得意を生かす仕事が、すでに仕事として存在しているとは限らないことだ。もしかすると、まだこの世に生まれていない仕事かもしれない。

どんなことも、仕事になる。カブトムシの育て方を教えて収入を得ている人や、ウルトラセブンのフィギュア制作を趣味としている人の話を思い出してほしい。自分の得意を生かす仕事は、自分で創り出すことができるのだ。

そのためには、自分の仕事はこういうもの、という固定観念は捨てたほうがいい。思い込みや常識から自由になることで、自分の仕事の価値や強みを生かせる新たな道が開けることがある。


ある塗装会社の経営者の方から、こんな相談を受けた。

これまでは大手建設会社の下請けとして、橋などを塗装する公共事業を安定的に請け負ってきた。しかし、近年は国の予算が減少傾向にあり、儲からなくなってきたという。

その穴埋めとして、一戸建て住宅の塗装をはじめることを考えた。1件100万円くらいの単価が期待できるものの、頻繁に受注できるわけではなく、やはり商売としては難しいという。なんとか廃業せずに続ける方法はないものか、という相談である。

「自分たちの仕事の価値や強みは何なのか、誰の役に立てるのか、色眼鏡なしで見てみましょう」と私はアドバイスした。

仕事を「建造物の塗装業」と定義してしまうと、橋や一戸建て住宅の塗装などしか思い浮かばなくなる。

もっと領域を広く捉えて、たとえば、住宅の部屋のドア部分だけを塗り替えたり、オフィスの壁を塗り替えたりするのはどうだろうか。

ドアだけの塗装は単価が低くなるが、だからこそ、気分転換にちょっと塗り替えようという需要が生まれるかもしれない。ドアの塗装に特化することで、新しい職種が生まれる可能性もある。

また、オフィスの壁は、通常は退去するときくらいしか塗り替えない。だったら、季節ごとに塗り替えるサービスはどうだろうか。

オフィスの壁は白やグレーと決まっているわけではないし、壁を季節ごとに塗り替えてはいけないというルールもない。殺風景になりがちなオフィスの壁を頻繁に塗り替えるという、新しい需要を掘り起こすチャンスと捉えることもできる。

このように考えていくと、橋や住宅を塗装する仕事のほかにも、ペンキ塗りの技術を生かせる仕事はたくさんあることに気づく。

すでにある仕事に縛られず、自由に発想すれば、誰かの役に立てる仕事は無数にあるということだ。

最低でも1週間に1回、3年間やりつづける

自分に得意なことがあっても、それを必要とする相手と巡り合えなければ、仕事にはならない。とくに遊びを仕事にしようとする場合、一般的な職種のように、必要とする相手とすぐに出会えないことがネックでもある。

そのような場合、自分の「得意」とそれを「必要とする誰か」をつなげてくれる人と組むことが大切である。絵描きが画商と組むようなもの、と言えばわかりやすいだろう。

いまなら、インターネットがその役割を果たしてくれることもある。インターネットは世界中の人々と直接つながることができるので、これを利用しない手はないだろう。

私自身、インターネットの恩恵はかなり受けている。メルマガの読者や、ツイッター、フェイスブックでつながっている人たちから、「一緒に仕事をしたい」「仕事を頼みたい」といった連絡が入る。

こういう話をすると、「それができるのは安田さんだからだ」と言われるが、そん

なことはない。自分がどういう人間で、どんなことができるのか。きちんとそれを発信しつづければ、相手が自分を見つけ出してくれる。

そこで重要なことは、中途半端にやらないことだ。カブトムシの例のように、徹底的に研究し、圧倒的なこだわりを見せ、それを定期的に更新しつづけることだ。

最低でも1週間に1回、3年間はやりつづける。

そんなにやりつづける自信がない、と不安がよぎるかもしれないが、だからこそ、好きなことを研究の対象にしなくてはならないのである。私が境目を研究しつづけるのも、つまるところそれが好きだからなのだ。

社長×ラップで5万回再生　つなげてくれる人と組む

インターネットは、人とつながることのできる素晴らしいツールであるが、それがすべてではない。

この社会で最も重要なのは、パートナーとなる人との出会いなのだ。あなたの「得意」を誰かにつなげてくれるのがパートナーだ。

私も人に会うときは、自分の「得意」を誰かとつなげてくれる人はいないか、自分が誰かの「得意」をつなぐ役割を果たせないか、つねに意識している。

たとえば、私は「企業のサービス」や「社長の挨拶」を、ラップなどの音楽を使った動画で宣伝する仕事をやっている。ラップ音楽という異質な道具をビジネスに持ち込むことによって、顧客の関心を高めようというわけだ。

では、誰がその音楽をつくり、演奏するのかといえば、プロのアーティストである。プロといっても、音楽だけで食べていけるアーティストは一握りしかいない。音楽に費やす時間を確保するために、彼らの多くはコンビニなどでアルバイトをして生活費を稼いでいる。

そういう人たちとたまたま出会う機会があり、この仕事を持ちかけたのである。「企業のサービス」や、「社長の挨拶」を作品にするのは邪道かもしれない。私も最初はそう思って遠慮していた。

だが彼らにしてみれば、大好きな音楽で稼ぐことができれば、こんなに嬉しいことはないのである。

さらに、その動画が話題にでもなれば、そこから音楽の仕事が増えていくかもしれない。実際、私たちがつくった動画は、たった1カ月で5万回以上も再生されている。

世の中には、あなたの「得意」をビジネスに結び付けるのがうまい人が必ずいる。

つまり、あなたの「得意」をほかの役割と交換できる人である。

つなげてくれる人に出会うためには、出会う人を限定しないことが大切だ。まったく違う世界のなかに、あなたのパートナーとなるべき人が眠っているかもしれない。

そしてもう一つ、自分の損得だけで出会う相手を選ばないことだ。自分が得することばかり考えている人からは、どんどん人が離れていってしまう。

反対に、相手に何かをもたらそうと考えている人のところには、人が集まってくる。

「人が集まる人」になること。

それがパートナーと出会ういちばんの近道なのである。

嫌いな人を切り捨てるといいことがたくさんある

仕事相手には、横柄、自分勝手、とことん値切るくせに要望だけは高い。ちょっとしたことですぐに怒る、呼びつける。そんな嫌な客もいるだろう。

嫌いな人と仕事しなければ、それだけで人生はかなりハッピーになる。

それなのに、仕事を断れば売上が下がってしまう、と躊躇する人は多い。

だが、それは思い込みである。嫌いな人の仕事を断っても売上は下がらないし、嫌いな人とは仕事をしないほうがスムーズにいく。

ただ、ほとんどの人はそれを実践しないだけなのだ。

嫌いな人と一緒に仕事をしないためには、嫌いな人とは仕事をしない、と決めること。すべてはそこからスタートするのである。

嫌いな人の仕事を断ると、目先の売上は下がる。その穴を埋めるには、好きな人と新たに仕事をはじめればいい。

そうアドバイスすると、「それができるくらいなら苦労しない」と大抵の人は言う。そして、こう続けるのだ。

「好きなお客さんが確実に増えるなら、嫌な客を断ってもいい。でも、増えてからじゃないと、断れないよ」

結局彼らは、優良顧客が増えたとしても、嫌な客を断らないのである。

この先どうなるかわからないから、と言いながら、嫌な客もキープしておくのだ。

そのうち優良なお客さんが離れていき、嫌な客ばかりが残ってしまう。自分たちの優柔不断さが優良顧客を逃している現状に、彼らは気づいていない。

嫌な客は、こちらの時間とやる気をどんどん奪っていく。

このロスが、想像以上に大きいのである。

嫌な客を断れば、目先の売上は確かに下がるが、それと引き換えに時間とやる気が手に入る。そのエネルギーを新規顧客の開拓に向けてはどうだろうか。

私は、これを実践したことがある。

ワイキューブで売上が7億円くらいのとき、1億円の大口の取引先を断った。

結果、その年の売上は多少落ちたが、会社は潰れなかった。断ったことで、前向きなエネルギーと、想像を超える時間が手に入ったからだ。

翌年には売上が大きく伸び、数年後には30億円を超えた。あのときの決断がなければ、その後の会社の成長はなかったといまでも思う。

好き嫌いという生理的メカニズムは、人間が生まれ持った高性能なセンサーである。

その声を無視して嫌いな客を我慢していると、次第に心が病み、身体までもボロボロに疲れきってしまう。

そうならないよう、心の声につねに耳を傾けていれば、人生はどんどんハッピーになっていく。

稼ぐために働くのか、役に立つために働くのか

やりがいのある仕事に就くには、自分でその仕事を選ぶことが大切である。自分の得意なことで、こんなふうに人の役に立ちたい。だからこの仕事に就く――。自ら「役割」を選んだ仕事で、やりがいは感じられるものだ。

もしあなたが、仕事にやりがいを感じられないとしたら、それは役割としての仕事を選んでいないからかもしれない。

多くの人は、就職にあたって会社は選ぶが、仕事は選んでいない。会社に与えられた業務が、仕事になっているだけである。いまの就職活動が、就社活動になっていることの弊害といえよう。

では、起業した人や、自分で会社を興した中小企業の社長はどうか。彼らでさえ、自分で仕事を選んでいるように見えて、選んでいないことが多い。

起業した社長の場合、役割として仕事を選ぶのではなく、「どのビジネスが儲かるか」という視点で仕事を選びがちである。

もしくは、「社長になりたい」という欲望が先にある。社長になってお金持ちにな

るために、どのビジネスをやれば儲かるだろうかと考えるのだ。私もワイキューブを立ち上げたときはそうだった。

役割として選んだ仕事かどうかは、やりがいだけでなく、仕事での成功も左右する。私はこれまで、ワイキューブ時代の多くの社員が独立するのを見てきた。

不思議なことに、優秀な社員だった人が、独立して必ずしも成功するとは限らない。逆に、ワイキューブでは目立った活躍をしなかった人が、自分の会社を立ち上げて成功することもあるのだ。

その違いは、仕事の選び方にある。失敗する人は、「儲かるビジネス」を選んでいる。自分が世の中にどう役に立つかよりも、どう稼ぐかが興味関心の中心だ。

同様に、前職が人材関係の仕事だったという理由で、同じような事業をはじめた人も、うまくいっていない。

一方、成功しているのは、社会の現状に疑問を抱き、現状をなんとかして変えたい、と本気で考えてビジネスをはじめた人たちだ。

自分がその事業をはじめる理由が明確で、自分の得意をうまく生かして社会に貢献しようとする人が成功しているのだ。

儲からなそうな仕事を私が続ける理由

顧客のほうを向いて、人の役に立つ仕事をすること。

これは私自身がいま、ＢＦＩで意識していることである。

私の仕事は、中小企業のブランディングや、ビジネスモデルの再構築、一体感をもった組織づくりである。

私個人に仕事の相談が寄せられるため、直接相手の話を聞き、アイデアを練り、いろいろな人の協力を得ながら、解決策を考案している。

そうした私の仕事のやり方を聞いた知り合いの経営者が、「儲からなそうですね」とつぶやいた。理由をたずねると、「レバレッジが効いていないから」。

それは、私も同感だ。自分でもそれはわかっている。

一社ずつ異なる課題に向き合い、各企業にマッチした提案をするのだから、時間も手間もかかる。金儲けだけを考えたら、効率が悪すぎる。

それでも、私はこのやり方を選んだ。

いま思えば、ワイキューブ時代の私は、顧客に向き合っていなかった。どちらかといえば、会社の利益と社員の利益のために働いてきた。

次のビジネスでは、顧客一社一社と向き合い、顧客の役に立つことを実感したい。そうすることで、私自身、これまで得られなかったものが手に入るような気がしている。

役割として自ら選んだ仕事にこそ、やりがいも成功もある。

あなたはなぜその仕事をやるのか。

いま一度、立ち止まって考えてみてはどうだろうか。

遊びの領域だけが仕事になる

これから、「仕事」はますます「遊び」に近づいていくだろう。

言い方を換えれば、遊びの領域にあるものしか、人間の仕事として残らないということだ。

それはつまり、効率や損得を度外視した領域である。こだわりのお酒づくりや、手の込んだ家具の組み立て、ゆったりとした時間が流れるＢＡＲ、香り高いコーヒーを淹れる喫茶店、フィギュアやカブトムシの専門店などである。

度重なる品種改良を経て、何十年もかけて開発されたイチゴなどもそうだ。時間と労力をかけたぶんだけおいしさも格別で、一粒何百円かで売られている。非効率きわまりない食べ物だ。

しかし、こういうものを人間は欲しがる。たかがイチゴ一つに、ワクワク、ドキドキさせられるのである。

これはもはや、カロリー摂取のための食事からはほど遠い。「遊び」としての食べ物と言っていい。

実際、世の中を見まわすと、遊びに命を懸けている人が成功している。

料理の味や盛り付けにこだわったシェフの店が繁盛し、素晴らしい焼き物の器をつくるために何年もの修業を積んだ人が人間国宝と呼ばれるようになる。

ウォルト・ディズニーが「世界中の子どもも大人も楽しめる夢の国をつくる」と最初に宣言したとき、世間は彼のことを「頭が変になった」と思ったに違いない。しかし、いまやディズニーランドは、世界中で客を集めるエンターテインメントに成長した。

大人が楽しめる夢の国など、なくても生きていくのには困らない。しかし、その必要のないことに人々は価値を感じ、お金を払うのだ。

感度のいい人たちは、そのことをよくわかっている。人間の人間たる所以をよく理解していて、それをうまくビジネスに生かしているのだ。

彼らに共通するのは、圧倒的な「偏り」である。

他者とのバランスを考えるのではなく、自分が楽しいと思うことだけをひたすら追求する。自分が欲しいものをつくり、自分がより楽しめる方法を考える。結果的に「私もそれが欲しい」「私も一緒に楽しみたい」という人が巻き込まれていくのである。

「偏り」こそが私たちの個性であり、価値なのだ。


仕事が遊びに近づいていけば、好きなことほど仕事として成立しやすくなる。

なぜなら、自分が心から好きなものであれば、相手が何を欲しているかがよくわかるからだ。好きなことや得意な分野をさらに深く研究し、いっそうのこだわりや創意工夫を発揮することが価値につながるのである。

いま一度、自分の「好き」や「得意」を見つめ直そう。「遊びこそが仕事である」という価値観へのパラダイムシフトが私たちには求められている。

第5章

本来の姿を取り戻すために

自分を磨く働き方の答え

旧来型とは異なる、新しい会社の形

本書では、正社員という幻想に斬り込み、資本主義システムの欺瞞《ぎまん》を明らかにしてきた。

ここまで読み進めてきて、「人生を楽しむために仕事をする」には、会社を辞めてフリーターになるか、起業するか、あるいは資本主義が介在しない離島で、志を同じくする仲間と共同生活を送らなければならないのか、と思った読者もいるかもしれない。

だが、そういうことではない。答えは別にある。

資本主義システムの枠組みのなかで利益を追求してきた旧来型の会社とは異なる、新たな会社の形があるはずだと私は考えている。

それをいま、ＢＦＩで実験している最中である。

最終章では、長く続いた資本主義の終焉《しゅうえん》を予感させる世の中の変化、そこから生まれるであろう新しい会社の形、新しい働き方を提示していきたい。

資本主義の終焉

株式会社が誕生してから、資本家がお金で人を動かす社会がずっと続いてきたが、その構図がいま、少しずつ変わりつつある。

若い世代を中心に、お金では人が動かなくなってきているのだ。少なくとも私はそう感じている。

それは、学生が企業を選ぶときにも顕著である。

以前は、給料が高くて休みが多い会社というだけで志望者が集まった。いまもその傾向はあるものの、仕事の中身が社会の役に立つかどうかで会社を選ぶ人も増えてきている。企業利益を優先して、役に立たない商品を強引に売りつけるような仕事は、いくら給料が高くてもやりたくないというわけだ。

ではなぜ、学生はお金ではない価値を求め出したのか。

根底にあるのは、資本主義を支えてきたルールの崩壊である。「お金があれば幸せ」という価値観が薄れているのだ。

いや、正確に言えばお金がないのだ。そしてこの先ずっと働いても、団塊世代やバブル世代のように稼ぐことは無理だとわかっている。だからお金がなくても幸せな生き方を模索した結果、価値観が変わったのだ。

ブランドもののバッグをこれ見よがしに持って歩くのはかっこ悪いとか、車がなくてもデートは電車で十分、むしろ無理して車に乗っている人のほうがかっこ悪いと彼らは考える。「お金がないだけだろ。ひがむな」と言うなかれ。仮にまとまった臨時収入があったとしても、彼らは消費ではなく貯蓄に回すと言っている。

日本人は周りの目を気にしすぎる、皆で同じ格好をしたがる、そんな一億総中流とは、もはや過去の日本人像である。

いまは、皆が持つものを持とうとはしなくなった。無理して見栄を張らなくなった。世間一般でいわれる幸せではなく、自分自身の幸せを考えるようになった。このように、日本人は進化しているのである。

北欧では、もはやお金持ち神話は崩れ去っている。無駄なものをなくし、使えるものは再利用し、必要最低限度の生活をする。自然と調和した持続可能な生活こそが、彼らの求める幸せの形なのである。

いま、幸せの形は先進国から変わりつつある。資本主義システムで増えたお金で、物質的な豊かさを手に入れてみたけれど、欲しいものはそれではなかった。その事実に人々が気づいてしまったのである。

もはやこの流れは誰にも止められないだろう。

好き嫌いが損得を超えた

人間は、ある程度豊かになってくると価値観が大きく変化する。いま、私たち日本人もその時期に来ているのだ。不景気だ、デフレだ、円安だ、といわれているが、どう考えても日本は豊かな国なのである。だから「生まれ変わるとしたら?」という質問に、ほとんどが「日本人」と答えるのである。

日本人の価値観は「損得」から「好き嫌い」に変わろうとしているのではないか。

物事を選ぶ基準には、「損か得か」と、「好きか嫌いか」の二つの指標がある。

物質的な豊かさを追い求めていた時代には「損得」のほうが大きかったが、社会が豊かになるにつれ、二つの指標は逆転していく。いまや日本人は、損得よりも、好きか嫌いかで物事を選ぶ人が多くなった。

近年は、ブラックといわれるお店に顧客が来なくなってしまった。安さのために社員を犠牲にする企業は嫌だという客が増えてきたのである。

社員の報酬を下げるという犠牲によって、おいしいものが安く食べられるというメリットが享受できるにもかかわらず、顧客はそのような店を敬遠しはじめている。社員の犠牲によって生まれる「得」よりも、社員を犠牲にする会社に対する「嫌い」が勝ってしまったのである。

これにはお店を経営している会社側が驚いたに違いない。

顧客は必ず「損得」で選ぶ。安くて、早くて、おいしいものを提供しておけば、顧客は必ず戻ってくる。そう考えている経営者には時代の変化が見えていないのだ。

アメリカではこんな例がある。

最近、オレゴン州のポートランドが人気だというのをご存じだろうか。アメリカで最も移住者の多い、「住みたい町ナンバーワン」と言われている。

ニューヨークや東京のような大都市ではなく、仙台市くらいの中規模都市である。

活気を取り戻すために、おしゃれなカフェやブティックを呼び込み、すぐれた町並みをつくっただけではない。周辺に広がる自然と共存しながら、地域で採れた食材を生かす地産地消を実践している。住民同士が活発なコミュニケーションを取り合い、独自のライフスタイルをつくり出しているそうである。

ポートランドの住人たちに聞くと、「スターバックスには行かないよ」と言うそうだ。彼らは地元のコーヒーショップで、1杯ずつサイフォンで淹れたコーヒーを味わうことを好むのだ。

ナショナルブランドよりも、メイド・イン・ポートランドを大切にすることが、この町では「かっこいい」。そんな文化が息づいているのも、この町の魅力のようである。

資本主義から一線を画そうとする人たちが、これからは増えていくのではないだろうか。物質的な豊かさよりも、生活の質。収入や肩書きよりも、自分なりの幸せ。お金で物事の価値をはかるのではなく、自分の好みや価値観を大切にする。そんな人たちが、次の時代の主人公として台頭しつつある。

やがて定価は人価へと変わる

日本ではものを買うときに定価がついていることが常識である。だが海外に行くとそんな常識は通用しない。客の懐具合と交渉力によって価格が変わる、という国もたくさんあるのだ。

定価が決まっていないのは未成熟な国。先進国では定価がついているのが当たり前。それが私たちの常識だ。だがその常識も、これから変わっていくかもしれない。

誰が相手であっても、同じ商品ならば同じ価格で販売すべきである。それが商道徳というものであると、私たちは信じている。確かに買う側から見たら、これほど公平なことはない。だが売る側から見た場合はどうだろう。

たとえば肩もみサービスは10分1000円というように、時間によって価格が決まっている。サービスを受ける側から見れば当然のことのように思えるが、サービスする側の気分はいかがなものか。

もしも私がその仕事をするとしたら、相手によって価格を変えてもらいたいと思う。若くてきれいな女性の肩をもむのと、不潔な中年のオヤジの肩をもむのとでは、明らかにこちら側の負担が違うからだ。

誰に対しても同じ価格、同じスタンス、同じサービスで接客しなくてはならないというのは、一見、公平な接客に見えるのだが、実際には売る側の「心」を無視した接客である。

一流の飲食店などに行くと、客によって対応を変える接客は普通に行われている。お店にふさわしくない客（つまり嫌いな客）が来たら、「予約で一杯です」と嘘をついて追い返してしまう。大好きな常連客には、メニューにない特別な料理を出し、値段もサービスしてあげる。

好き嫌いによる不公平な対応は、嫌われた客にとっては許しがたい行為に映るだろう。だが売る側と、そのお店から好かれている常連客にとっては、とても心地よい接客となるのだ。

客なんだから、金を払っているのだから、サービスするのは当たり前。

そういう失礼な客に対して、これまでは黙って頭を下げつづけるのが常識だった。お客様は神様。どんな理不尽なクレームも、ありがたく受け止めろ。

そういう会社はブラック企業と呼ばれ、いずれは社員も顧客も集まらない会社になっていくだろう。

誤解しないでいただきたいのだが、私は何も「好き放題に客を選べ」とか「売る側が偉いのだ」などと言いたいのではない。売る側も、買う側も、平等である。どちらが偉いわけでもない、と言いたいだけだ。

店側はおいしい料理を一つひとつ丁寧につくる。客側はありがたくそれをいただいてお金を払う。お互いがお互いをリスペクトして感謝し合う。それこそが、正しい関係なのである。

これから先、性格の悪い人はどんどん損をする。そういう世の中になっていくだろう。そしてその傾向は、先進国ほど色濃く現れる。生活に余裕のない国では、まだまだお金を持った人の力は絶大だ。だが先進国においては更なる金持ちになることよりも、楽しく、好きな人と仕事をして生きていくことを選ぶ人が増えていくだろう。

定価という概念は薄れ、人価（じんか）という概念が生まれる。

ものではなく、人によって価格が変わる社会。その社会においては、お金をたくさん持っていることよりも、性格や人間性が優れていることのほうに価値がある。

みんなに好かれる人柄の良い人はたくさんのサポートを受け、とても豊かな人生を送るだろう。みんなに嫌われる身勝手な人は誰のサポートも受けられず、貧しい人生を送ることになるだろう。

ポスト資本主義の時代は突然やってくる。お金ではなく、人格を磨く努力をいまからしておくことをお勧めする。

会社とは「場」である

資本主義の終焉とともに、会社のあり方も変わっていくだろう。

利益を稼ぐために労働力が集められたのがこれまでの会社だとするなら、これからの会社は、それぞれに役割を持った人が集まる「場」になるだろう。

誰にとってもオープンで、互いに緩やかにつながることのできる「場」。

会社の利益がゴールではないため、やみくもに規模を求める必要はない。共通のビジョンを達成することが、会社の最大の目的なのだ。

そこには、儲けるためのビジネスありきではなく、ビジョンに共感し、それに貢献できる「何か」を持った人たちが集まってくる。損得ではなく、好き嫌いで仲間が集まる「場」。社員として雇われるよりも、プロジェクトベースでメンバーが集められるスタイルが主流になると考えている。

「場」に集まった人たちは、それぞれの得意を生かし、役割を果たすことで、収益を生む。社長も、役割の一つにすぎない。会社の方針やビジョンを考えるという役割だ。人が好きな人は接客で貢献し、開発が得意な人は開発で貢献する。得意なことでお互いをサポートし合う、つまり本来の仕事への回帰というわけだ。

みんなで上げた利益は、それぞれの貢献に応じて全員で分配すればいい。

こうした新しいタイプの会社が、すでに誕生している。

あるスタートアップ支援会社の例だ。マンションの一室が彼らの「場」である。

プロジェクト制を採用するこの会社では、プロジェクト進行中にはスタッフがたくさん集まってくるが、終了すると解散する。CEOすらも1年ごとの契約だそうだ。

この会社は有名ゲーム会社を子会社に持ち、かつては立派なビルにオフィスを構え、規模拡大に走った時期があった。ところが、規模を拡大するだけがゴールではないと気づき、オフィスを縮小していった。その結果、いまではマンションの一室に落ち着いたというわけだ。

会社の規模を求めずに、自分がやりたいことを、一緒にやりたい仲間を集めて形にする。人が集まる場さえあれば、仕事はいくらでも生み出すことができる。

このような新しいスタイルの会社が今後は増えていくだろうし、私もBFIをこのような会社にしたいと思っている。

お金がなくても会社はつくれる

会社が「場」になるということは、資本家でなくても、誰でもビジネスを興せるようになるということだ。

これは、資本主義を根底から変える出来事となる。

資本主義では、事業を興すために出資した人がいちばん偉かった。なぜなら、工場や店舗を構え、人員を雇うには、莫大なお金が必要だったからだ。資本家のような大金持ちにしか、大きなビジネスを立ち上げることはできなかった。

だが、これからは、そのあり方が変わっていく。小さくても、誰かに必要とされつづける仕事をする会社が主流になっていくだろう。

もちろん、生活必需品を大量生産する会社もなくなったりはしない。だがその中身は劇的に変わることになる。

大量生産・大量販売をするグローバル企業は、人間の仕事をロボットに任せることで、人件費削減を推し進めていくはずだ。人の手をほとんど介さなくなれば、大企業は驚くほど儲かる。

当然、想像をはるかに超える価格競争が巻き起こるだろう。

それでも十分、資本家は利益を享受できるのだ。人件費を限りなくゼロにした必需品の生産こそが、ポスト資本主義における資産家の役割なのである。

生活必需品が劇的に安くなれば、生きていくためのコストも激減する。収入が減っても十分に豊かな生活ができる時代が来るのだ。

ディズニーランドではなく近所の公園

次世代の会社は、近所の公園のような存在になっていく。

誰でも出入り自由。「昨日はあの公園に行ったけれど、今日はこの公園に行こう」。日によって行き先を変えてもいい。あるいは「もうこの公園に行くのは止めよう」という自由もある。

ディズニーランドのような派手なアトラクションはない。けれども、みんなで知恵を出し合えば、砂場やブランコでそれなりに楽しく遊ぶことができる。

ただし、公園で遊ぶには、今日は公園でどんな遊びをしたいのか、自分は何の遊びが得意なのかをはっきりさせておかなければならない。なぜなら、公園では誰も「今日はブランコを30回やりなさい」とか、「鉄棒で逆上がりを10回しなさい」と指示する人はいないからだ。

公園に行く目的は、自分で考える。何をするかは、自分で考える。子どもでさえ考えていることだ。そうでなければ、どの公園に遊びに行くのかさえも決められない。

「場」としての会社も同様である。

「場」に参加して仕事をしようとする人は、何らかのプロフェッショナルであるべきだと私は考えている。自分は何ができるのかを考え、「これをやりたい」というものを持っていなくてはならない。

BFIではスタッフ全員が、どういう役割を果たすのかを自分で考えるようにしている。私の役割は、まだこの世にない面白い商品を考えること。そして、仲間やパートナーを増やしていくことだ。

まだ見ぬ仲間に出会うために、私はちょっと変わった取り組みをしている。それは「こだわり相談ツアー」という、安田佳生と2人で行く食事会である。

このツアーでは、私が選んだ都内のこだわりの店で、こだわりの食材を楽しみながら、仕事や経営の相談に乗る。相談は無料なのだが、その代わりに食事代と飲み代を出してもらうという取り組みだ。当初は月3回程度を予定していたのだが、ありがたいことに申し込みが多く、いまは週1~2回はこのツアーを実施している。

食事をご馳走になる代わりに経営相談に乗るという企画なので、参加者の9割以上は企業経営者である。だが不思議なことに、経営相談を持ってくる人は半分もいない。「一緒に食事がしたくてきました」と言ってもらえるので、遠慮なくご馳走になっている。

一緒にごはんを食べたいと言ってくれる人がこんなにいることに自分自身でも驚いている。もしかしたら私の人生業は晩ごはんの話し相手なのかもしれない。ただし、参加者はいまのところ100%男性である。どうやら女性の話し相手には不向きなようだ。

もちろん、真面目に経営相談に乗ることもあるし、新しい仕事のアイデアを生み出すこともある。だが何といってもこのツアーの成果は、新しいパートナーとの出会いにある。

実際このツアーに来てくれた人で、お客さんになってくれた人もいれば、私がお客になった人もいる。さらには一緒に働く仲間にも出会うことができた。

すべては出会いからスタートする。パートナーとなるべき人との出会い。目的を共有し、サポートし合える存在が集まれば、そこには「場」が生まれるのである。

会社で白米を炊く理由

BFIでは月に1回、会社で白米を炊いている。

こういう話をすると、人々は決まって筋の通った理由を探したがる。白米を炊くことで、会社のブランディングになり、優秀な人材を採用できて、利益につながるからですか、と。

いや、そういうことではない。

たとえるなら、公園のブランコのようなものだ。ブランコは、派手なアトラクションではないけれども、あると楽しい。子どもはそこでいろんな遊びを考えるし、大人だってたまには乗ってみたくなる。

ブランコの代わりは、パンでも音楽でも何でもよかった。社員の一人の実家が新潟でコシヒカリをつくっている農家だったので、それを少し分けていただいて、おいしいごはんを炊くことにしたのだ。

そもそもなぜ、会社にブランコが必要なのか。そう思う人もいるだろう。

確かに利益を出すことだけを考えれば、ブランコは必要ないし、白米を炊く必要もない。ワイキューブでは社内にバーやビリヤード台があったが、当時も「なぜそのようなものが必要なのか?」と不思議がられたものだ。

しかし、なくてもいいけれど、あってもマイナスにはならない。あることで職場が快適になり、そこで働く人たちが気持ちよく働けるなら、あってもいいじゃないか。そう考えるのが、これからの会社である。

最近は二極化が進んでいる。社員がリラックスできるよう社内にカフェを併設する会社が増えている一方で、ユーチューブの閲覧を禁じる職場もあると聞く。

後者は仕事の効率アップを意図してのことだろうが、無駄を省くばかりでは、かえって生産性が落ちることもある。とくにアイデアを出すことが求められる職場では、頭を柔らかくするための無駄も必要だ。

職場が楽しくて何が悪いのか。

楽しいだけで売上の上がらない会社はもちろん駄目である。だが売上が上がり、利益も確保できるのなら、職場は楽しいほうがいいに決まっている。

会社でおいしいごはんを食べられたら気分も上がるし、会話も盛り上がる。ちょっと贅沢なふりかけを買ってきて、ごはんにかけるのもいいかもしれない。あるいは、梅干しと白米だけで昼ごはんにするのも粋ではないか。

会社で過ごす時間が少しでも素敵になれば、仕事も楽しくなる。職場にもブランコは必要なのだ。

園長社長と、この指とまれ社長　これからの社長の仕事

会社が、互いに役に立つために集まる「場」であるなら、働く人にとって魅力的で快適な場づくりが社長の最も大事な仕事になる。

これからの時代に求められるのは、「園長タイプ」もしくは「この指とまれタイプ」の社長である。

「園長タイプ」の社長は、「場」を快適にすることによって人を集める。働く人たちを縁の下で支えるサポータータイプの経営者である。

映画やドラマの「釣りバカ日誌」の浜ちゃんや、漫画「総務部総務課山口六平太」のように、これまでの会社では出世とは縁遠い存在であった人たちだ。だが次世代の会社では、彼らのような人物こそが優れた経営者になっていくのである。「この指とまれタイプ」の社長は、ワクワクするビジョンを打ち立てる人。魅力的なビジョンを掲げ、そこに参加したい人を集めてくる。みんなの先頭に立つタイプの経営者だ。

リーダーシップのある人物像、それはこれまでの経営者とも共通している。決定的に違うのは、掲げているものが利益なのか、それともワクワクするビジョンなのか、という点である。利益や数値目標しか掲げられない社長のもとには、優秀な人材は集まらなくなるだろう。

社長の仕事というと、経営目標や戦略の立案、資金繰りが本来の役割ではないか、と思う人もいるかもしれない。しかし、会社のあり方が変われば社長の役割も変わる。これからの会社は、そこに集まる人たちが楽しく働けることを第一に考える。みんなで稼いだ利益はその貢献度合いに応じて公平に分配する。それが社長の重要な役割となる。もちろん、戦略立案や、資金繰りがなくなるわけではない。

だが新しい会社では、さまざまな能力を持ったパートナーが現れてくる。社長以上に戦略立案が得意な人も出てくるだろう。そしてこの会社では、参加者が社長1人にリスクを背負わせないことが基本だ。利益が上がらなかったときには参加者全員でそれを引き受ける。

利益が上がっていないときには社長が借金をしてでも給料を払うべき。そう考える人はこの会社には向かない。そういう人は固定給と引き換えに時間を売り、言われたことをこなす従来型の会社に勤めるしかない。

リスクのある人生は嫌だと思うかもしれない。だが人生にはリスクがつきものなのだ。本来あるべきリスクを避けようとすると、本来なかったはずの別のリスクが現れてくる。人生のハンドルは決して他人に委ねてはならない。リスクを負わないリスクこそが、最大のリスクなのである。

仕事の楽しさは「誰と働くか」で決まる

話は変わるが、おいしい食事とはどのようなものだろうか。

おいしい食事に欠かせない要素は三つある。「何を食べるか」「どこで食べるか」そして「誰と食べるか」である。

やはり食事は、好きなものを、好きなお店で、好きな人と一緒に食べるのがいい。仕事も同じように、「何をやるか」「どこでやるか」「誰とやるか」という三つの要素が重要である。

まず、「何をやるのか」を考えるときに重要なのは職種ではない。たとえば同じ営業職でも、その中身は千差万別だ。ひたすら電話をかける営業もあれば、ひたすら企画を考える営業もある。大事なのは自分の「好き」や「得意」を生かせるかどうか。つまり、何によって顧客や仲間の役に立つのかという役割である。

いくらビジョンに共感できても、何の役にも立たない職場では仕事は楽しいものにならない。自分の強みが生かせる役割があること。それがとても重要である。

「どこでやるか」を決めるときに重要なのは、快適な職場環境だけではない。駅から近く、おしゃれなオフィスであったとしても、その会社のビジョンが合わなければ、仕事はとても苦痛なものになる。何のために仕事をするのか。その方向性が一致していることが、職場を選ぶ上ではとても大切なのである。

しかし何といっても、仕事の楽しさは「誰とやるか」によって大きく左右される。「誰と仕事をするか」は、これまであまりにも軽視されてきたと思う。

「あの人は嫌いだから一緒に仕事をしたくない」と言おうものなら、「わがままだ」とか、「考え方が甘い」などと非難されるし、就職や採用の場面でも「誰と仕事をするか」はほとんど考慮されていない。

学生が就職活動で会社を選ぶとき、重視するのは、業界、業種、勤務地、給料、福利厚生といった条件である。採用する側も似たようなもので、志望者の学歴や出身校でほぼ決めているのではないだろうか。

こう書くと、「いや、わが社には求める人物像がある。面接で志望者の人となりを見て採用している」と反論する採用担当者がいるかもしれない。

しかし、人となりを見るといっても、面接で相手のことがどれくらいわかるだろうか。パターン化された質問に、マニュアルどおりの回答。個性を押し殺したリクルートスーツ。仰々しい応接室や堅苦しい会議室で、面接官と志望者が心を割って話ができるはずがない。面接の場では、互いに歩み寄ったり理解したりすることは難しい。

その結果、条件を絞り込んで選抜したものの、入社してみたら「こんな会社だとは思わなかった」とか、採用してみたら「こんな人を採用したつもりはなかったのに」と後悔することになるのだ。

くじ引きと占いで採用「ベツルート」

そこで私が知り合いと一緒に考えたのが、かつてない就職活動、その名も「ベツルート」である。ベツルートとは、これまでの就活とは別のルートで就職しようという意味で、リクルートのパロディである。

たとえばこの就活では企業の社長と学生が、いきなり一緒に焼き肉を食べたりする。社長10人くらいに対して、学生30〜40人の焼き肉パーティー。社長1人を学生3〜4人が囲み、テーブルにつくイメージだ。

一緒に焼き肉を食べながら、「この学生と一緒に働きたい」「この会社で働きたい」と意気投合すれば、その場で採用となる。

そこまでいかなくても、「この学生は面白いな」「この会社に興味あるな」と思えば、会社訪問や面接に進むのもいいだろう。

学生は焼き肉を食べられるし、中小企業にとっては採用費用が格安になる。

どの社長とどの学生が一緒のテーブルに座るのかで、ほぼすべてが決まるといってもいいが、このイベントでは社長と学生の組み合わせにもこだわりを持っている。

通常の採用サービスでは、学生の希望条件をもとに企業とのマッチングを図る。このイベントでは、学生の「やりたくないこと」をもとに企業とマッチングしていく。「ノルマは嫌だ」「肉体労働はしたくない」「サービス残業は嫌だ」。学生には上記に挙げたような三つの「どうしてもやりたくないこと」から一つを選んでもらう。さらに、それぞれの「やりたくないこと」をやらなくてもいいという会社のなかから、ガチャガチャを引いて、出てきた会社の社長の焼き肉テーブルに座ってもらうのだ。

ただし、ガチャガチャだけでは互いの相性までは予測できず、相性の悪い者同士を同じテーブルに座らせてしまうかもしれない。

そこで場をシャッフルするために登場するのが、占い師である。社長と学生の名前と生年月日で相性を占い、その相性に基づいて席をシャッフルしていく。

くじ引きと占いで席を決めるなんていい加減だと思うかもしれない。だがこの「偶然の出会い」こそが重要であると私たちは考えている。

条件を入力し、志望企業を検索するというやり方は確かに効率がいい。だが肝心の「人」が見えない。とくに中小企業の場合は、経営トップである社長との相性が職場選びの最重要ポイントなのである。

条件で選ぶ就職は「見合い結婚」に近く、偶然の出会いから生まれる就職は「恋愛

結婚」に近い。私たちが人を好きになるには偶然の出会いが圧倒的に多い。就職や採用も偶然の出会いが必要なのである。

　では、なぜ「やりたくないこと」に焦点を当てたのかといえば、まだ働いた経験のない学生に「やりたいこと」を聞いても、自分が本当にやりたいことなどわからないのではないかと思ったからだ。苦手なことは得意になることもあるが、嫌いなものが好きになることは難しい。

　条件で選んだ会社に入っても「こんなはずじゃなかった」と後悔するケースが多々あるのは、嫌なことや嫌いな人と入社後に出会うからである。だったら「どうしてもやりたくないこと」だけを除外し、あとは偶然の出会いに委ねてみてはどうだろうか。

　実はこのイベントに参加し、占いで出会った社長と意気投合して、その場で就職を決めた女子学生がいる。入社してまだ1年も経たないのだが、彼女はすでに戦力として立派に活躍している。そして何より、とても楽しそうに働いている。

雇わない、育てない、管理しない

これまでの会社は、人を雇い、育て、管理してきた。

これからの会社は、雇わない、育てない、管理しない、という方向に向かうだろう。

まず、雇う側・雇われる側という、概念がなくなる。

会社は、共通のビジョンのもと、それぞれに役割を持った人たちの集まる場となる。

そこには依存関係がなく、雇用関係も存在しない。

毎月の収入は安定しないかもしれないが、好きなことや得意なことで貢献できる場がいくつかあれば、年収は間違いなく増える。好きなことを仕事にでき、好きな人とだけ仕事ができる快適さは、やる気と能力を極限まで高めてくれるだろう。


次に、「育てない」ということ。

会社の仕組みに短期間で適応させ、社員を稼げる部品として機能させるのが、これまでの会社の社員育成だった。

一方、新世代の会社は育成を本人に任せるようになる。本人が磨きたいスキルを磨き、そのスキルが利益につながるのであれば、報酬を支払う。つながらないのであれば報酬は支払われない。これこそ本来のあるべき姿である。

月5万円のスキルの人には、5万円の給料が支払われる。それでいいじゃないかと思う。

月5万円で生活するのが難しければ、雇われていないメリットを生かし、仕事を三つ四つ掛け持ちすれば、月15万円や20万円くらいは稼げるだろう。

月5万円のスキルを月20万円に引き上げたいなら、そのための勉強やトレーニングを自分で積めばいいのだ。やり方がわからなければ、周りの人にアドバイスを求めることもできる。私も自ら教育しようとは思わないが、教えてほしいと言われたら喜んで応じるようにしている。

いまは変化のスピードが速く、過去の成功体験がそのまま通用しなくなった。

そのような時代だからこそ、人を育てることには限界があると感じる。時代の変化に合わせて生き方や仕事のやり方を、自分なりに考えていかなければならない。自分の成長プログラムは、本人が自分でつくるしかないのだ。

もちろん、育つ意思のある人に手を差し伸べる文化は必要だと思う。だがやはり大切なのは、本人が自ら成長しようと努力することだ。そういう人には自然とサポートしてくれる人が現れる。

最後に、「管理しない」ということ。

これまでの会社は、たとえば9〜18時など決められた時間を拘束し、効率的に働かせるために徹底的に行動を管理していた。

新時代の会社では、人を時間や行動で管理しなくなる。「場」としての会社に集まってくる人たちは、社長も社員も皆、対等な立場であればこそ、誰も管理せず、誰からも管理されない。好きなときに来て、好きなことをやって、収益に貢献してくれればいいのである。

会社は貢献に応じて報酬を支払えばいい。

管理しないし管理されない。

それがお互いにとって、最もハッピーなやり方なのだ。

管理という鎖を断ち切ることが、楽しく働くことへの、そして本当の安定を手に入れるための、第一歩なのである。

会社という概念を超える

私はＢＦＩの社長であるが、業務委託という立場だ。社長業以外にも、境目研究家としての活動や、他社の顧問・社外役員にも就いている。

第1章でも述べたが、ＢＦＩのメンバーはほとんどが私と同じ業務委託だが、２人だけ正社員がいる。

この２人は「決められた時間に、決められた仕事内容で働きたい」というタイプだ。会社としても、朝の定時に来て、電話を受ける人も必要なので大変助かっている。

世の中は本当にうまくできているものだと思う。組織には必要な人が自然と集まってくるものかもしれない。

正社員は固定給であるが、それ以外は変動制の報酬制度になっている。5〜60万円までの報酬を決め、半年に1回それを見直している。案件ごとの支払いも考えられたが、外注と変わらなくなってしまうのでやめた。半年間の固定給を基本に、それよりも貢献が大きい人は報酬を増やせばいいし、そうでない人は減らせばいいという考えだ。

私たちが目指すのは、会社の収益を一人ひとりの貢献度に応じて公平に分配する仕組みの確立である。

そのために大切なことは、経営者とそれ以外の人が同じ立場であることだ。ＢＦＩでは経営陣もスタッフの一人として、その貢献にふさわしい報酬を得るべきだと考えている。そうしてはじめて、スタッフの貢献に正当に報いることができるからだ。

そこで私は、社長であり株主でありながら、それらの権利収入を放棄することに決めた。労働に見合わない肩書き報酬や、配当としての権利収入は取らない。もちろん、私以外の出資者の賛同も得ている。

権利収入を放棄するとともに、会社の資金繰りが苦しくなっても、社長1人で補填することは考えていない。そもそも銀行が私に資金を貸すはずはない。

もし、みんなの稼ぎが悪くて固定給が払えなくなったら、赤字分はスタッフ全員で背負えばいい。全体がマイナスなら、全員の取り分を減らせば赤字にはならない。極論すれば、家賃を払うことができている限り、この会社は赤字にはならないということだ。貢献に応じた利益分配は、公平であるぶん、厳しさも伴う。一定の給料が保証される正社員とは異なり、実力分の報酬しか得られないため、収入減のリスクもある。稼ぎたい人は、自分でがんばるしかないのだ。

私がいつもメンバーに話していることがある。

それは、給料は社長が払っているのではない、会社からもらうものでもない、お客さんから貢献に応じて支払われるものである、ということ。

そのことが明確になれば、社内の誰かに評価される必要はなくなる。自分たちで自分たちを評価できるような、納得のいく報酬体系があればそれでいい。

ただし、自分のことを客観的に評価できる仕組みの構築は簡単ではない。人は皆、自分のことを過信しがちだからだ。だがそれでも、仲間としての信頼関係があれば、答えは必ず見つかると思っている。

ＢＦＩの社長になって1年が経った。

私自身、この会社で億万長者になろうとは思っていない。誰も理不尽に搾取せず、働く人たちが自分の貢献度に応じて報われる組織をつくりたい。

目安としては、ＢＦＩと同様にブランディングやクリエイティブを生業とする企業と比べて、ＢＦＩのスタッフの報酬が平均よりも2～3割高くなるような組織をつくることができれば、成功ではないかと思っている。

本来の姿を取り戻す「あとがき」に代えて

私はこの数年間、どうすれば人は楽しく仕事をすることができるのかを考えつづけてきた。ワイキューブの社長でなくなってから、働くエネルギーを失ってしまった私が、藁《わら》をもつかむ気持ちで探し求めてきたことでもある。どんな会社だったらみんなが行きたくなるだろうか。

私なりの仮説はこうだ。

一つ目は、「ワクワクするビジョン」があること。目指すゴールは一人ひとり違っても、共感できて一緒に追いかけたくなるビジョンがあれば、人は集まってくる。

二つ目は、「一緒に楽しく働ける仲間」がいること。好きな人と一緒に仕事ができればいちばんいい。

三つ目は、「自分が得意なことで貢献できる仕事」があること。仲間の役に立つ。お客さんの役に立つ。共有するビジョンを達成するために役に立つ。どんな貢献でも構わないが、そこに自分の役割があることが重要である。どんなにワクワクするビジョンがあっても、一緒に働く仲間が好きでも、自分が何一つ貢献できなければ、仕事は楽しくならないし、その場にいる意味がなくなってしまう。

こう考えると、「ビジョン」と「人」と「自分の役割」の三つがあれば、その会社は明日行きたくなる場所、働きたくなる場所になると思う。

そこに行けば仲間がいて、仕事も集まってくる。

自ら成長する意思さえあれば、いくらでもスキルアップできる。

働きたいだけ働いて、稼ぎたいだけ稼ぐ。

そんな場所があったら、誰もが働くエネルギーに満ち溢れ、今日もがんばろうと思えるはずだ。

このような新しい会社が増えて、そこに人が集まり、従来の会社の正社員よりも稼ぐ人が増えていく。自分の得意を仕事にするから収入が安定し、仕事が楽しくなる。そんな人が増えれば、働き方を真似しようという人がさらに増えていく。

人々が自分たちの楽しみのために働くようになれば、利益を目的にした旧来型の株式会社には人が集まらなくなり、いずれは衰退していく。資本主義は株式会社の誕生によってはじまり、新しい会社の誕生によってその幕を閉じるのである。

*

「人生を楽しむために仕事をする」という考え方を提示し、多くの人に共感・実践してもらうためにこの本を書いた。

あなたが「仕事がつまらない」と感じているなら、間違った仕事を選んでいるのかもしれない。もしそうなら、嫌な仕事を我慢する必要はない。自分の「好き」「嫌い」という感覚に心を澄ませ、「好き」からはじまり「やりがい」や「生き甲斐」につながる仕事を見つけてほしい。

ポスト資本主義で主流になる新しい会社は、共通するビジョンのもと、役割を持つ仲間が集まる「場」である。

役割と人をつなげることができれば、誰にでもそういう場をつくることはできる。

私にも、もちろん、あなたにも。

お金にも人にも媚びず、常識の名の下に群れず、安定のためだけに属さない。

好きなことをとことん極め、信頼できる仲間とつながり、得意なことで人に貢献する。そのとき、働くことは「金儲けの手段」から「代えがたい喜び」へと変わるだろう。

それは決して幻想ではない。

それこそが本来あるべき私たちの姿なのである。

[著者プロフィール]

安田佳生（やすだよしお）

1965年、大阪府生まれ。中小企業のブランディングと組織づくりを支援する会社「BFI（ブランドファーマーズ・インク）」代表取締役社長。
高校卒業後渡米し、オレゴン州立大学で生物学を専攻。帰国後リクルート社を経て、1990年「ワイキューブ」を設立。斬新な人材コンサルティング事業で一世を風靡するも、2011年に民事再生、自己破産する。1年間の放浪生活ののち、境目研究家を名乗り社会復帰。NPO法人中小企業共和国理事長、出版社ぼくら社編集長、数社の取締役を兼任しつつ、境目研究家としてコラムの執筆や講演活動、ポッドキャストなど幅広く活動している。また、都内のこだわりの店で、こだわりの食材を楽しみながら、仕事や経営の相談に乗る「こだわり相談ツアー」という一風変わったコンサルティングサービスを提供しており、好評を博している。著書に2006年に刊行され33万部を突破した『千円札は拾うな。』（サンマーク出版）をはじめベストセラー多数。近著に『私、社長ではなくなりました。』（プレジデント社）がある。

[境目研究家　安田佳生]
http://yasudayoshio.com/

[BFI（ブランドファーマーズ・インク）]
http://brand-farmers.jp/

[こだわり相談ツアー]
http://brand-farmers.jp/blog/kodawari_tour/

こだわり相談ツアー　検索

お誘いをお待ちしております。

自分を磨く働き方

2016年1月1日　初版発行

著　者　安田佳生
発行者　太田　宏
発行所　フォレスト出版株式会社
〒162-0824　東京都新宿区揚場町2-18　白宝ビル5F
電話　03-5229-5750（営業）
03-5229-5757（編集）
URL　http://www.forestpub.co.jp
印刷・製本　中央精版印刷株式会社

ISBN978-4-89451-693-9　Printed in Japan

自分を磨く働き方

本書の読者限定の無料プレゼント！

「時間を売る仕事から脱出したい」
「他社（他者）との競争に疲れた」という方々へ。

PDF小冊子 **「特別化」の極意**

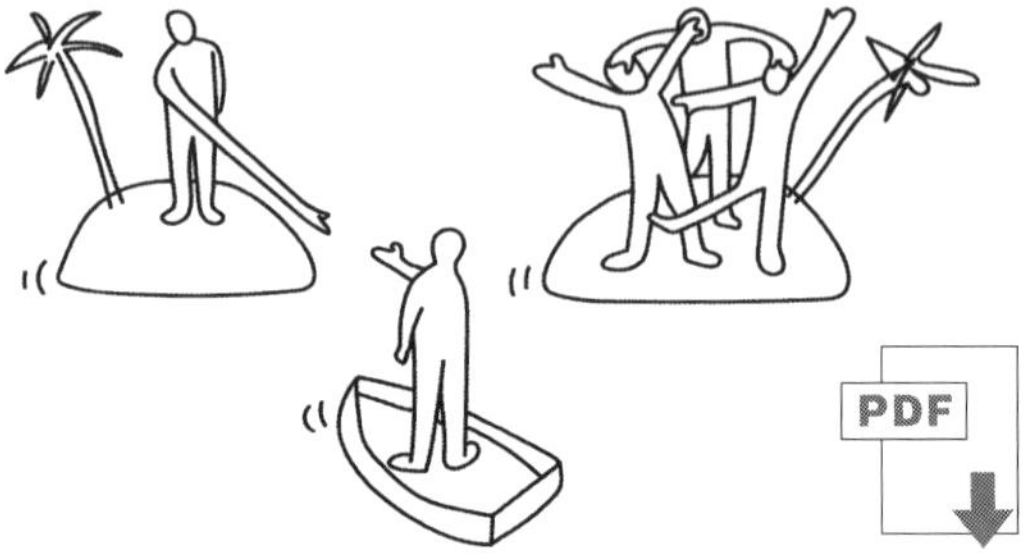

差別化の必要性が叫ばれる昨今ですが、
本当に必要なのは差別化ではなく**“特別化”**です。

◉差別化＝他社（他者）との比較から生まれるもの。
◉特別化＝相手との関係性から生まれるもの。

たとえば、思い出の詰まったマグカップや家族同然の犬や猫は、
比較するまでもなく自分にとってはなくてはならない存在です。
なぜなら「特別な関係」ができあがっているから。
では、あなたがある特定の「誰か」にとって、
なくてはならない「特別な存在」になるには？
その方法を知れば、あなたのビジネスは飛躍的に成長するでしょう。
そこで、まだどこにも公開していない実証済みの㊙メソッド
【「特別化」の極意】をまとめた小冊子をあなたに差し上げます。

今すぐアクセス　　半角入力

http://www.forestpub.co.jp/yy

アクセス方法　フォレスト出版　検索

①Yahoo!、Google などの検索エンジンで「フォレスト出版」と検索
②フォレスト出版の HP を開き、URL の後ろに「yy」と半角で入力

※PDF ファイルは HP からダウンロードしていただくものであり、小冊子をお送りするものではありません。
※無料プレゼントのご提供は予告なく終了となる場合がございます。あらかじめご了承ください。